JN193625

子どもが幸せに育ち自立する

頑張らない子育て

ファミリーセラピスト
たかもりくみこ

創藝社

はじめに

「なぜ、あなたは私を困らせるの？　こんなに私は頑張ってるのに！」

３人の子の子育ては、完全に私のキャパを超えていました。

私は、特に寝不足に弱く体力もある方ではなく、なぜ３人目を産むと決めたのかは、自分で自分に後悔したほどでした。

しかも、３人目は楽チンだとと聞いていたのに一番手強い相手でした。相当手強かったです。

「楽チン」なんて、誰が言ったのか？

毎日毎日、「なぜ？」と疑問ばかりでした。

三男は、憧れの自宅出産をしたにも関わらず、生まれて１ヶ月の頃から怒ってばかりの赤ちゃんでした。

さらに、寝ない、食べない、抱っこしても嫌がる、落ち着けない、癒されない、なのに離れると泣く、ということの連続でした。

ホッとさせてもらえない、全く自由にできない、お兄ちゃんたちへのケアも十分できない苦しさ、何より子どもを「可愛いと思えない」自分への罪悪感が、繰り返し湧き上がってきました。

こんなに頑張ってるのに、地を這うような苦しみばかり。

近くに実家はないし、夫は朝早く出かけるのに夜も日付が変わるか変わらないかの時に帰宅、休日も週一日休めるかどうか、といったまさにワンオペ育児状態でした。

家族が増えて幸せなはずでした。

しかし、見かけは幸せそうに見えるのに、それは最も辛く苦しい子育ての始まりでもありました。

この本を手にとってくださったあなたは、どんな思いでこの本を開いて下さったのでしょうか？

頑張っている最中なのでしょうか？

あるいは、頑張るのにそろそろ疲れてきて、ふと手にとってくださったのでしょうか？

どちらにしても、きっと、とても子ども思いで、手を抜けない、優しい頑張り屋さんなのだろうと思います。

「優しい」はともかく、私自身、かつては本当に、ただずっと頑張っている状況でした。

これもあれも大切なんじゃないか、やっておかないと子どもの将来のために良くないのではないか、それが子どもにとって全て栄養になるんだからできる限りのことはしてあげたい、と頑張り過ぎて自分を追い詰めていました。

はじめは、自分が追い詰められていることにも気づかなかったほど、とっても重症だったのです。

上の二人は小学生で、どんどん育っていくのに、三男の世話で体も心もパンク寸前だったのです。

上の子たちに「やってあげたい」ことは山盛りだし、自分の仕事ややりたいこともありました。

しかし、日々戦争のようにバタバタで、月日はどんどん過ぎていったのです。

状況は何も進んでいるように思えないのに……。


その頃の私は、「やること」「すべきこと」「やってあげた方がいいこと」が全てでした。

いろいろなできないことに焦りと不安を感じていていて不満もたくさんあるけれど、子どもと過ごす幸せや感謝はあるのです。

それなのに、この満たされない感は一体何なのか？

……何がいけないんだろう？

どうしたらいいのか、わからない。


周りのお母さんたちは、いつも笑顔で、もっとずっと子どものためにやってあげているように見えるのに、自分は全然できてもいない。


でも、ある時、ふと思ったのです。

「このままでは、子どもも自分も幸せにならない。子どもが大きくなっても、結局状況は変わらないのではないか?」

「いつから私は幸せになるのだろう?」

「どうなったら、子どもも私も幸せに暮らせるようになるんだろう?」

「幸せって何?」

そこからやっと、自分自身の幸せにフォーカスをしていかないと、子どもの幸せもありえない、ということに気づいたのでした!

「やらなきゃいけないことは、本当にやらないとダメなの?」

「やった方が良いことをやらないと、子どもの将来が本当にダメになるの?」

ここから少しずつ、「頑張っていたこと」を恐る恐る手放すことを始めました。カウンセラーや国内外でも著名なメンターのもとで専門的に学び、助けを借りて少しずつ少しずつ自分を許し、癒し、自分自身を整えていくことをスタートしました。

その過程で、「頑張ってしまう理由」「手が抜けない理由」も、よく理解できたのです。その結果、年々、年を追うごとに、私も楽になり、やりたいことができるようになり、子どもたちに当たることも減っていき、最大の難関であったパートナーシップも改善。

何より、家族みんなの笑顔が増え、子どももやりたいこと、好きなことに没頭しつつ、勉強や部活に集中し、塾も大学、進路も自分で決め、彼ららしく、しっかり自立していきました。

周囲を見渡せば、子育てに頑張ることを手放した人たちのお子さんたちは、やりたいことをやりながらも、自分の道を見つけ、中には有名一流大学を含め、自分の意思で決めた行きたい学校に行っています。

何より、その子たちらしく、のびのびと、でもしっかり考える力も育ち、人との関係性も豊かで、見ていて眩しく感じるほど、生き生きと輝いています。

親が頑張るのをやめると、子どもは幸せに自立していく。

まさに、この言葉がぴったり！

その子どもたちの幼少期や小学校入学から、その成長の様子を20年近く見ていて、それを実感しています。

もちろん、その途中では大変なことも、難しい時もたくさんありました。

それでも、頑張ることを手放しながらも、その葛藤や大変なことを親子・家族で乗り越えてきた道筋、そしてそれが、子どもたちの幸せと自立につながっている事実は、今、頑張っている方たちが楽になるために、十分価値がある事実だと思います。

そして私自身、約12年間、カウンセラーやセミナー講師として、親子・家族関係やお仕事、ライフワーク、人生の目的についてなどの勉強会やご相談で、のべ約5000人近くの親子と関わってきました。

その中で、同じように、頑張ることをやめたお母さんたち自身が楽に幸せに、お子さんたちが、幸せに生き生きと自分の道を見つけて自立していくサポートをしてきたことを、ぜひシェアしてほしいという応援の声に押され、私自身もたくさんの方に知ってほしいと心から思い、本という形にすることにしました。

私たちがつい、頑張ってしまう、頑張ろうとしてしまう理由、手が抜けない理由を、段階を踏んで、わかりやすく紐解きました。

最終章では、頑張るのを手放しながら、子どもが幸せに自立していくために、実際にどう取り組んでいくのか、プログラム的に解説しています。

それまでの章にもワークをたくさん入れました。

本を読み進めるだけで気がついたら緩んで楽に、子どもといるのが自然と楽しくなっている、ということを意図して書きました。

ぜひ、それらのワークに書き込みながら取り組むことで、さらにそのスピードが速まり、親子で幸せに自立していく旅を楽しんで頂きたいと心から願っています。

親子で幸せな旅を！

＜はじめに＞

はじめに……3

目次

第3章　逆説の子育てのススメ

第4章　親が頑張るのをやめると、子どもは幸せに自立するQ＆A

第5章　親がゆるむと子どもは育つ。子どもが幸せに自立していく3ヶ月

第1章

子どものために「良い親」になろうと頑張っていませんか？

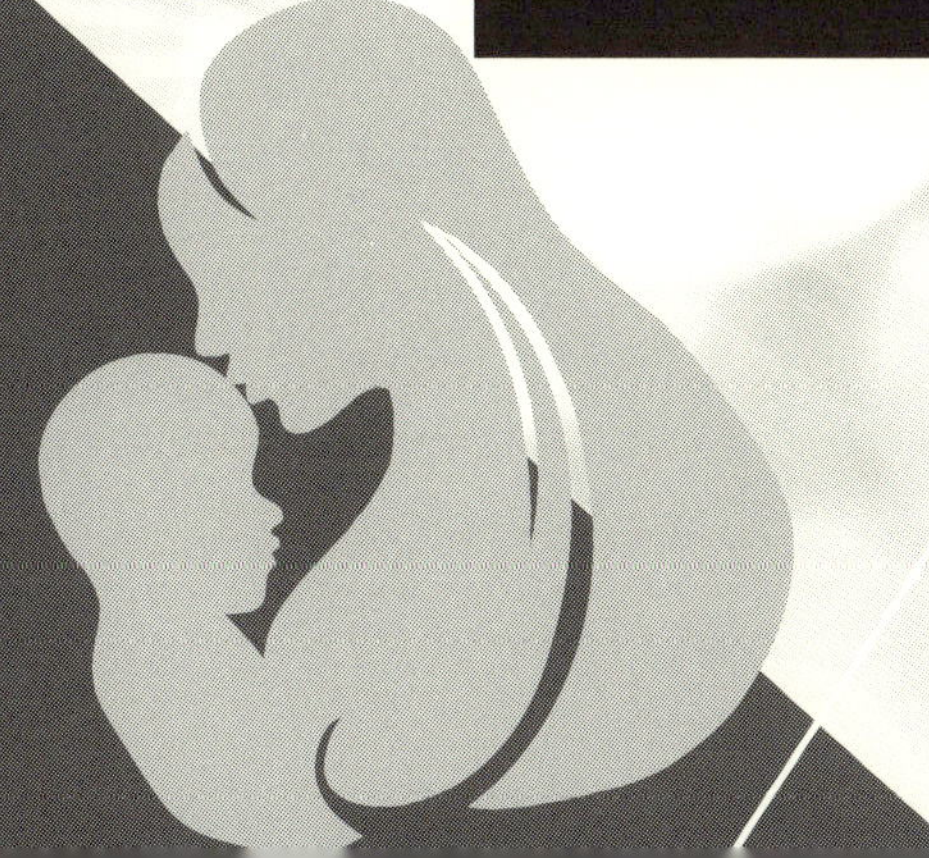

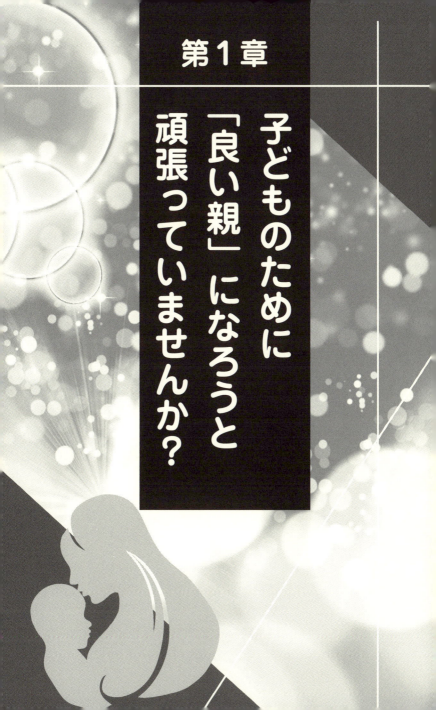

こんなことありませんか?

まずは、「頑張っていること」チェック!

私自身がそうだったように、「頑張っているのに頑張っている」と気づけないケースが多いから、です。

当てはまるものにチェックを入れて、頑張り度を確認してみましょう。

□いつも明るいママ、パパ、笑顔でいようと心がけている
□子どもに良いことはできるだけ取り入れたいと思っている
□子どもの毎日を充実してあげたい
□生活のリズムを整えなくては、と夕飯、お風呂、寝かしつけを頑張っている
□なんとかなる! と思っているが、内心不安がないとは言えない
□子どもの学校や将来のためのプランを考えている
□健康のためにごはんもおやつも良いものを与えたいし、手作りしてあげたい

□子育てはその子にとって一度きり。失敗したくない
□うちの子には何が良いか、常に考えている
□パートナーと子育ての方針が合わない
□子どもを良い方向に導きたいため情報収集は欠かさない
□子どもの思いを受け止めてあげたいし、答えてあげたい
□できるだけＰＴＡや子どもの行事には参加したい
□子どもの園での様子、学校での様子が、気になってしまう
□自分の時間がほとんどない！
□ゲームやスマホの影響が気になりつつ、与えている
□先生や他の親たちの言動が気になる。
□仕事も忙しくて、毎日を過ごすのに精一杯！　子育ての余裕がない！
□パートナーへの不満がたまっている
□ネットの情報に振り回されている
□休日の予定が充実していないと罪悪感が沸く
□子どもの味方でいたいのに、ついイライラ、怒ってしまう自分が嫌になる

□子どもの気持ちを本当には理解できていない気がする
□もっと子どものためにできることがある気がするけれど、できていない。
□兄弟姉妹が増えて、思うように動けず、全然できていない気がする
□こんな自分は、親失格だと思う。
□ダメな親だと思われたくない
□家の中の散乱状態を見て、落ち込む
□仕事も家事も子育ても何もかも中途半端で、全く進んでいない気がする
□他の親を見ると、比較して落ち込む
□頑張っている割には満たされない……

意外とあるある……なのではないでしょうか?

【0~10】いい感じで肩の力が抜けているかも?
【11~20】よく頑張っています!
【21~29】かなりの頑張りママ&パパ

子育て真っ最中だった過去の私にも、当てはまるものばかりです。

前向きにポジティブに頑張ろう、といつも思っているのに、夫の仕事が忙しすぎる上に自分の仕事もあるので、子ども全員に手が回らない状況でした。

思い描くような子育てができてない自分や現状にがっかりし、落ち込みすぎて毎日が嵐のように過ぎていきました。


気がつけば家で笑顔は消え、子どもには怒ってばかり……。

唯一、気の合うママ友とおしゃべりしているときしか、笑ってない自分がいました。

子どもとの時間を楽しんでいるはずだし、毎日小さな楽しみも見つけている方だったと思うし、それなりに頑張っているはずでした。

しかし、なんだかうわべだけな気がしていました。

虚しかった……。


正直、しんどいと思っていたこともあったのでしょう。

子どもではなく、私自身が2、3ヶ月に1度は、熱を出したり、体調を崩して寝込む、というサイクルになっていました。

子どものためにやってあげたい、と思ってやっているはずなのに、いつの間にか「してあげたい」が、「しなければいけない」ことにしてしまっていました。

また、周囲を気にして、「ダメな親と思われたくない」「意外といい人」「意外と普通にちゃんとしている」などへと、変化してしまっていたと思います。

気がついたら、なんだか息苦しかったり、疲れていたり、自分を責めたり、ダメ出ししてしまっていました……。

もし、同じように感じる部分があるとしたら、ちょっと深呼吸して、目を閉じて、自分自身に聞いてみてください。

◆◆◆ワーク◆◆◆

▼本当は、自分の人生をどう生きたいですか？

▼本当は、子どもやパートナーとどう過ごしたいですか？

自分自身に素直になって、考えてみてください。

言霊という言葉がある通り、言葉に出すと、エネルギーも動き、現実が変わりやすくなりますよ！

「良い親」にならなくては「立派な人」に育たないと思っていませんか？

わかります、その気持ち！

長男が生まれたばかりの頃、「どんな子になってくれたらいいかなぁ～」とワクワクしながら未来を考えて「国際的に活躍しながら仕事をしている人になってくれたら、かっこいいなぁ～」などと、漠然とイメージしていました。

ですが、その数秒後「男の子だし、そもそもその前に、不良になって、グレてしまったりしたら、そんな未来なんてこないよね！」と、自分の妄想にハッとして、すぐに考え直しました。

じゃあ、どんな子に育ってくれたらいいのだろう？

あれこれ考え、とても良い答えが見つかったと思いました。

その時の私なりの答えは、**「自分らしく、幸せに豊かに生きていける子になったらいいな～」**でした。

「**幸せで、豊かに生きていける**」という言葉が入っていることで、どんな職業か仕事かわからないけれど、ちゃんと自立しているからこそ、人間関係が幸せで収入がきちんとあるという意味で豊かなのだとイメージできます。

それに、私自身「できること」がたくさんあったはずなのに、結局、大人になっても自信が持てませんでした。

当初は自信がないし、自分らしくと言われても、どうしたらいいのかわからないし、つまらない存在だと自分で思っていました

だから、いろいろなことが人生であるかもしれないけれど、この子はこの子らしく自信を持って幸せに生きていってもらえたら、一番じゃないか、って思います。

私の義理の母、つまりお姑さんはとても愛情深く、二人の男子を育て上げ、嫁の私に対しても、いろいろな意味でかなりできた人であり、尊敬しています。

そんなお姑さんに聞いてみると、以下のような答えが返ってきました。

「愛情をたっぷりかけてあげれば大丈夫よ！」

……確かにその通りだと思いましたが、現実生活の中で、愛情だけではピンときませんでした。

もちろん愛情はありましたが、それと同じかそれ以上に怒ってばかりの日々だったので、正直なところ、プラスかマイナスか、どっちかわからないくらいでした。

どうしたら「自分らしく幸せで豊かに生きていける人」に育つのか？

そこから、その私の問いへの旅が始まりました。

なんだかんだと言っても、親が未来を見据えて心身のケアまでよく考えて導くからこそ、立派な人に育つのではないか、と当時の私は頭の片隅で考えていました。

だから、思いつく限り、できる限り、「子どもの心と体に良いこと」をしようと、そして子どもにとって良くないこと」はしないようにしようと、決めました。

その時から、子どもにとって「良いことをする」ために頑張ることを選び続けました。

しかし、きちんとできていない自分を責め、子どもにもパートナーにも自分にも苛立ってばかりでした。

心身ともにヘトヘトで疲れ切り、しかも、自分も子どもも誰も幸せになっていないし、この先も幸せになりそうもない現実に気がつき、呆然となってしまったのでした。

そんな経験をしてきたからこそ、子ども思いの優しい頑張り屋さんのあなたには、この本がお役に立つと思います。

「子どもに良いことを頑張る」ことをやめたとしても、幸せに自立した人に育つのは、可能だということ！

むしろ、その方が、親も子も楽に幸せになるし、子どもは、自分で自分の道を考えられるようになり、どんどん自立していきます！

もしかしたら、今読んでくださっているあなたも、同じように感じているかもしれません。

しかし、グローバル化やＡＩなど先の見えない時代の子育てをしていく中で、もしかしたらネット情報に振り回され、さらにあせりや疲労感が溜まっている方もいるのではないでしょうか？

価値観が多様化していく時代の中で、自分の軸をしっかり持つことがリスクになる恐れさえあります。

かといって、周りに流されてばかりいると、目の前の子どもの幸せも、自分の幸せも見失ってしまいます。


芸能人や有名人以外に、周囲にいるような普通の人で、理想のモデルになるような人が見つからないのも現実です。

小学校くらいの頃までは「いいな」という人がいても、思春期以降が過ぎてどうなったかというところまで、長期で成長を見ることができる人を見つけて話を聞くのは、意外と難しいことです。

私自身もそうですが、世の中に不安を感じて頑張り続け、その途中で子どもか自分が悲鳴をあげて、頑張るのをやめる方向に転換し、子どもがすっかり幸せに自立していったという方が、数多くいます。

私の周囲の方々や、クライアントさん、受講生の方など様々です。

この本を手にとってくださったのは、きっと何かのご縁です。

「頑張るのをやめると幸せに自立した子に育つなんて、本当かな？」
「でも、もし本当にそうだったら嬉しいなぁ～」
「本当にそうなら、本当にラクになるのに」
「子どももその方が幸せかも」

少しでもそう感じていただけたのなら、その直感や感覚を大切にして、最後まで読んでいただけたらとっても嬉しいです。

この難しい時代に、子どもを育てていることが、どれほどのチャレンジなのか、そしてすごいことなのか理解してください。
まずは、そんな自分を素直に褒めていただけたらと思います。

よく頑張ってきましたね。
毎日ごはんを作り、着替えをし、洗濯をし、仕事をし、子どもを遊ばせ、話を聞き、お風呂に入れて、寝かしつける、本当にすごいことをしているのです。

そんな自分を、ぎゅっとハグしてください。

そして日々いっぱいいっぱいで、緊張していた心と体が緩んだその感覚を、時々思い出して「私は、十分、やっています！　私は、十分素晴らしい！」と、自分に言ってあげてみてください。

◆◆◆ワーク◆◆◆

▼「私も子どもも、十分素晴らしい」と、自分にも子どもにも一日10回以上言ってください。時にはハグも。

▼「大丈夫！　私が頑張らなくても、この子は育つ。幸せに自立した人になる！」と、自分にも子どもにも言ってあげてください。

自分に言い聞かせ、子どもの頭を撫でながらか、子どもの笑顔を思い浮かべながら。

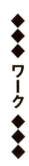

あなたがやっていることは、実は子どもを受け身にしているのかも

頑張ってきた自分を大切に扱うことは、本当に大事だと思います。
あなたが頑張ってきたからこそ、今のお子さんがあります。

今、お子さんはどんな状態でしょうか？

遊びでも勉強でもスポーツや習い事でも、何か一つでもやる気に満ちていて、生き生きしているでしょうか？
あるいは、あまりやる気がなく、受け身で、どちらかといえば無気力な状態でしょうか？

どちらにしても、今から……ここからです。

「親子関係の力学」というものがあります。

この力学を理解すると、なぜ、お子さんが受け身になっているか、理解しやすいと思いますので、事例を出して少し説明します。

4人のお子さんをお持ちで、家事も子育ても仕事も何でも完璧にこなし、仕事でも評価が高く、お料理もおやつも体に良く美味しいものをささっと作ることができる、本当によくできるママがいました。

Aさんとしましょう。

Aさんは、もともと頭も良く、スポーツ万能で、大変優秀な方でした。

ご自身が何でもサクサクできるので、お子さんが勉強を頑張っている割には、なぜ成績が伸びないのか、やる気がないのかを不思議に思いました。

そして、まもなく高校受験も控えている、ということでご相談にこられたのです。

「無理やり勉強勉強と言いたいわけでもなく、ただ、好きなことを見つけて楽しく過ごしてほしいと思っているだけなのですが……」

「私があの子なら……」
「頑張りは認めているのだけど……」とのことでした。

どうしたらやる気が出るようになるのでしょうか？

親子関係に限らず、パートナーシップや兄弟姉妹の関係、一般的な人間関係でも同じことが言えるのですが……相手がやる気に満ちていてパワフルだと、自分はなんとなく冷めてしまい、どこか引いてしまったような体験をしたことがありませんか？

例えば、元日本代表テニスプレイヤーの松岡修造さん（あくまでイメージです）。
きっと、ほとんどの人が松岡修造さんの前に立つイメージをすると、なんだか自分が心もとないような、この人の前で頑張るのが恥ずかしいような、そんな気持ちが湧いてくるのではないでしょうか？
もちろん、松岡さんはハートが熱い方なので、そこからエネルギーをもらえる人もたくさんいると思います。（私も励まされたことがあります）

しかし、一対一で向き合うと、相手が大きい分だけ、なんとなく自分が小さくなった気持ちがするのは、良し悪しではなく、自然なことだと思いませんか？

これが、あなたの親子関係に起きていることかもしれない、ということなのです。

親が頑張れば頑張るほど、子どもがやる気をなくしていく、言われたことだけやっていればいいや、やってもどうせ親ほどにはなれない、無駄だと感じていく……それを見てさらに頑張らせたくなる、やる気を上げなければと、さらにあなたが頑張るので、子どものやる気がどんどん下がっていく……。

そんなスパイラルにはまっているのかもしれません。

親子関係は、一緒に生活している分すぐに離れられないし、立場上どうしても親の方が力を持ちやすいので、その力学が働きやすいのです。

Aさんとお子さんの場合、Aさんが何でもできるので「ママに比べて自分は……」と、思春期に差し掛かった娘さんは落ち込み、やる気をなくしてしまっていたようでした。親子関係の力学のことと、「ママはこうしていた」「ママならこうする」ということを控えていただき、お子さんたちの話を多く聞いていただくようお伝えしました。

また、ご夫婦のことや他のお子さんたちのことも考えながら、しばらく様子を見てもらうことにしました。

その後、1年ほど経って、無事行きたい高校に合格し、好きなアーティストの追っかけをしたり、ボーイフレンドができて、楽しく高校生活を送っている、とお知らせいただきました。

Aさんの場合は、頑張って何かをしているというより、普通にしていても何でもできてしまうという特別な例でしたが、どちらにしても、ママでもパパでも、親の方に「自分は頑張っている」「自分はちゃんとやっている」という空気やエネルギーがあると、子どもは引いてしまいがちになる、というのは「力学」が働くからなのです。

いかがでしたか？　ドキッとされた方もいらっしゃるのではないでしょうか？

ぜひ、今からここから、自分と子どもの力学を考慮して、少し頑張るのをやめてみたり、子どもの話を多く聞くようにしてみてください。

それだけで、お子さん自身がぐっと変わってくると思います。

【ポイント！】

★「ママ（パパ）も頑張っている！」というアピールの空気をやめて、接してみる。

「～しなくてはいけない」は必要ありません

初めて親になると、どうしても肩に力が入り過ぎてしまいます。

「自分がしっかりしなくては……」「しつけもしっかりしなくては……」「社会に出して恥ずかしくないよう育てなければ……」などという思いの反面、「子どもにも笑顔でいてほしい」「子どもを楽しませてあげないと……今日はどこに行こう?」「休日でこんなにお天気がいいのに、行くところを決めてなかった。しまった～!」などと、つい考えてしまっていました。

子どもが生まれると、子ども中心の生活になります。

子どもが笑ってくれて、ご機嫌がいいと幸せな気持ちになり、ご機嫌が悪いと、こちらまで辛くなったりします。

あるいは、人混みや、親戚やママ友の前、公園や児童館などでは、子どものやることなすことに神経質になってしまい、「人様に迷惑をかけないようにしなくては……」と見守っていました。状況によっては、怖い見張り役のようになってしまっていたこともあったでしょう。

心当たりがある方も、いらっしゃるのではないでしょうか？

あの頃の自分は、本当に肩に力が入りすぎていました。

長男と三男は、すぐに手が出るタイプだったので、もう、本当に目を離すことができませんでした。楽しむどころか、ぐったりヘトヘトに疲れきってしまうことも度々。

特に三男は、理由もないのに（と思えるのに）自分から、ちょっかいをかけたり、ちょっとしたことで手を出しに行くので、目が離せず気が休まりませんでした。

本人は「またあの児童館に行きたい！」なんて目を輝かせて言っているのですが、こちらは残念ながら「要注意親子」のレッテルが貼られているのを肌で感じていました。そのため、児童館や小さな子どものいる公園を避け、井の頭公園などの大きな公園で遊ぶことが増えていました。

私自身が「しつけのできてない親」だと周囲から思われていたと思います。

また、「子どもがまた行きたい、と言っているのに、その希望を聞いてあげられない、楽しみを与えられない親」だと自分を責め続けていました。

さらに、三男を導こうにも「それはよくないよ！」「やっちゃいけないんだよ！」と、何度真剣に教えてもヘラヘラ笑ってスルーされるような状況で、ダブルパンチどころか、相当なダメージを受けまくっていました。

「この人の親をやめたい……」

何度思ったことでしょうか。自分としては、一生懸命やっているだけなのに……。なぜ、三男といると、こんな思いをしなくてはいけないのか、かわいいと思えないのか、本当に理由がわかりませんでした。

「(三男は) 人をサプライズして驚かせたりするのが大好きなんですよ。今は甘えっ子でも、ある時期が来たら、どんどん自立していきますよ。なんの問題もありません！」

と、幼稚園の先生に言われたことがありました。

しかし、困らされているのはこちらなのに、自分自身が相当間違っているのか、落ち込んだりもしました。

しかし、そういうことではなかったのです。

彼は生きる力に満ちていて、いつもイタズラや、楽しいことを考えている子どもでした。

私自身が「おとなしくしてなさい」「動き回らないで！」「じっとしてなさい」と言われて、素直に言うことを聞いて育ったタイプだったので、まるで真逆の彼のことがまったくわかっていませんでした。

また、男の子ということもあり、できるだけのびのび育てようと思っていましたが、手に負えないことが多く、自分の器を限界まで試されていたようでした。

この状況は、実は今でも続いていますが、その都度、頑張るのをやめ、受け入れられるようになってきたため、彼のことを面白がって見ていられるほどに成長しました。

そのきっかけは、「子どもはもともと、賢く、思いやりがあり、生きる力を持っていて、この人生で世界のためにやろうとしていることがある」ということが、完全に腑に落ちたことで頑張るのをやめることができたからでした。

自分自身が、４歳の頃に「大人は全然わかってない！　世界は、本当はこんなんじゃないのに！」と思ったことをはっきりと思い出し、はっきりと重なりました。

あなたも、小さな頃の、そういう思い出がありませんか？


このことに気がついたのは、ライフワークであるセッションをスタートし、当時、数百人くらいの親子のご相談に乗り始めて、３〜４年が経った時期でした。


私が頑張るのをやめると、上の子どもたちも、自然にしっかりとしていきました。

もともとしっかりしていたのかもしれません。

しかし、私自身が、「自分が教えなくてはいけない」「導かなくてはいけない」と思い込んでいたので、「足りないことを補わなければいけない」「どんなことを補わないといけないのか？」「先生を探さないといけない」とか「どこの学校や習い事に行くのが良いのか？探さなくては……」などと、余裕がなく、子どもも自分もダメなところばかりに目が行き、できていないことを指摘する、そんな状態になっていただけだったということに気づいたのです。

また、下の子の世話で、上の子たちを公園や外に連れ出すことができていないと「子どもを楽しませていない……」と感じてしまい、「ヒマ！　退屈！」と上の子たちに訴えられると罪悪感が沸く、というような状況は結構長く続きました。

自分が子どもを幸せにしていない、という気持ちも大きい時期でした。

しかし、「退屈、ＯＫ！」「ヒマ、大いに結構！」と心から伝えられるようになると、子どもは意外に自分で工夫して、様々遊び始めたのです。

子どもに「ヒマ！」と言われるのに弱い方、ぜひ、自信を持って言ってみてください。

当時中学生・小学生の二人の男の子のママであったＣさんのお話です。

Ｃさんは、明るくて大らかなママでした。

子どもが男の子ということもあり「しっかりさせなきゃ」「きちんと育て上げなくては……」という思いが強く、度々激しく怒ってしまうことがあったそうです。

しかし、お兄さんの高校受験を前にご相談に乗る機会をいただきました。その後、度々クラスに来ていただくうちに、Ｃさん自身が頑張ることをやめ、本来の明るさ、大らかさ、素晴らしさを取り戻していきました。

その過程でお子さんたちの「良さ」や「才能」がどんどん見えてきました。

お兄さんの方は、塾に通い、楽しみながら、当初は考えられなかった第一志望の高校に合格しました。そして、今度は大学受験でも、不可能と思われた国立大学に自らチャレンジ、思いがけず合格し（ご本人談）今では楽しく大学に通い、大好きな音楽をしながら憧れの一人暮らしを満喫しているそうです。

その後、弟さんも、一番行きたかった高校へ進学し、楽しく通っているそうです。（余談ですが、その際、ご主人の買うミニ宝くじが、毎週のように当たり、なんと入学金などがまかなえてしまったとのこと。周りの方たちに羨ましがられていました^^）

次は弟さんの大学受験となるようですが、ドキドキしながらも信頼して見守っているようです。

Cさんご自身も、ご主人とのパートナーシップがさらに良くなり、ご自身のライフワークをエンジョイする毎日を送られています。

Cさんは、最も変化を遂げた方の一人かもしれません。

お子さんの時期もありますが、頑張るのをやめて、数年間のうちにどんどんお子さんたちがその良さを発揮し、幸せに自立していかれたとてもわかりやすい例でもあります。

「しつけ」でよく聞くのが、「挨拶をする」とか「ありがとう」「ごめんなさい」などを言えるかどうかですが、「おもちゃを貸せる」とか、「公共の場所で騒がない」などもあるかもしれません。

もともと、挨拶を言わせようと頑張ることはしていませんでした。

当時、周囲を見ていて、言葉だけ言えていたとしても心がこもっていない挨拶を目の当たりにしていたからかもしれません。

なので、自分が子どもの分も代表して挨拶、またはお礼をする、という方法を取っていました。

おもちゃも貸せると親は楽チンだし、トラブルにもならずとっても良いのですが、そうはいきません。

ある時から「貸してあげられるようになる」ことに頑張るのではなく、「ごめんね、今貸してあげられないみたい」というようにしました。最初は私自身まで「どう思われるか?」ドキドキしましたが、その方がスムーズにいくことを発見しました。

また、公共の場所、特に騒いではいけない場所にはそもそも連れて行かない、という選択をしていました。騒がせないように頑張るのではなく、頑張る必要のない状況を選んでいたわけです。

電車に乗る、飛行機に乗るなど、どうしても必要な時は、あらかじめ「みんなこれからお仕事の人や疲れている人もいるから、静かにできる?」と同意を得ていました。

今なら、スマホがあるので、おとなしく過ごしてもらうための心構えはそんなになく、この問題は、ほとんど消滅しているのかもしれませんね。

◆◆◆ワーク◆◆◆

▼「なぜ、導かなくてはいけない」「しつけなくてはいけない」「教えなくてはいけない」と思っているのでしょうか？

▼「自分が頑張らないとどうなる」と思っていますか？そしてそれは本当のことなんでしょうか？

あなたが頑張らないと、あなたのどんな良さが出てくると思いますか？ユーモア、明るさ、笑顔、クリエイティビティ、ひらめき、大らかさ、優しさ、温かさ、思いやり……思いつくものをあげてみてください。

親も子も実は苦しいかも？

「親が頑張れば頑張るほど子どもは引いてしまい、やる気をなくしてしまう」か、「親の期待に応えて、頑張り続けなくてはいけない」と思うか、大きく分けるとその2種類に分類されます。

どちらにしても、親も子どもも苦しい状態で、「今」の幸せを感じたりするのは難しいばかりか、未来に対しても希望より不安の方が強いので、いつも追い立てられているような感じを持ってしまい、実は心の平安は得られていないことが多いのかもしれません。

Dさんは、とにかくしっかりと家を守ってきました。

お子さんたちにしっかりと勉強をさせながら、自分自身も、家族みんなのために美味しいごはんを作り、家事もしっかり行って家を整えてきました。

しかし、お子さんが大学に入学したらお子さん自身が目的を見失い、やる気をなくして無気力になってしまったり、下のお子さんも中高一貫校に合格し入学したものの、あまり楽しく通えていない様子に、ふと気づけば不安になっている状況でした。

子どもたちのため、ご主人のために良かれと思って一生懸命やってきたはずなのに、何がいけなかったのでしょうか？

ご自分なりに振り返り、試行錯誤することで考えを前向きに変えてきたものの、ご自分の苦しさは変わらないまま、限界を感じてご相談にこられました。

度々あるケースではないでしょうか？

Dさんには、まず「頑張ることをやめる」ようにお伝えしました。

単にそれだけをお伝えしても、恐れや不安が出てしまい、頑張ることをやめることはできないので、なぜ、自分自身が「頑張らないといけない」と思っているのか、ということを紐解くところからスタートしました。

Dさんは、お母様を早くに亡くされたために、ご自分は「親からの愛情を受け取れていない」、「行儀作法が十分でない」という自覚がありました。

だからこそ、子どものために家の環境を整え、恥ずかしい思いをさせることなくしっかりとした教育を身につけさせなくてはいけない、という考えに至った背景がありました。


そこで、Dさんが、ここまで頑張ってこられたことをしっかり受け入れること、Dさんご自身がそのままで十分であること、Dさんの良さでもある「賢さ」が考えすぎに傾いているだけであることをお伝えしました。

そしてもともと、笑顔が素敵で可愛らしくチャーミングで、賢く心の綺麗な方であることを思い出していただくワークを行いました。


また簡単にできる瞑想もお伝えし、静かな時間を持つことをお勧めしました。

その結果、Dさんも落ち着きを取り戻され、お子さんたちへの信頼も深まったことで、お子さんたち自身も落ち着かれ、学校に少しずつ楽しみを持って通うことができるようになりました。

Dさんのように、「自分自身が十分でない」「子どもには同じ苦労をさせたくない」という思いで子育てをされている方は多いと思います。

私自身もそうでしたし、むしろほとんどの場合、そうなのかもしれません。

「私は、親のようにはならない。そのために頑張らなくては……！」と、自分をどんどん追い詰めてしまうために、行き過ぎると、親も子どもも息苦しくなってしまいます。日々の幸せを感じられなくなり、何のために頑張っているのか、頑張ってきたのかを見失ってしまうことでしょう。

だからこそ、**「頑張るのをやめる」「なぜ頑張ろうとしてしまうのか理由を探ってみる」ことで、頑張りの呪縛から解き放たれることが可能になります。**

親も子どもも楽になるばかりか、その人の良さやその人らしさ、その子らしさや持っている才能を発揮し、幸せに自立していく方向へと変化していくのです。

◆◆◆ワーク◆◆◆

▼今、必要以上に頑張ってしまっていることは何でしょうか？

▼なぜ、頑張ってしまっているのか、理由を探してみてください。

頑張らないことで、見えてくる、本来のあなた自身の良さや才能はどんなことがありますか？

違和感を感じたときは、やり方を変えてみる

Nさんも、きちんとされているママでした。

Nさんご自身、きちんと育てられたタイプということが、外見からもお話ししても誰もがすぐに分かるほどでした。

実際のところ、ご自身の昔のお勤め先もしっかりとした超一流企業で、ご主人も同じ職場の方でした。

そんなNさんの息子さんは、元気いっぱいで自由に振舞うタイプでした。

Nさんは、のびのび育って欲しいと願っていましたし、アレルギーがあったため、食事やおやつはできるだけ手作りで作るように頑張っていました。

ところが、小学校でいじめがあり、行き渋ることが増えました。

中学受験をし、私立の中学校に通うことになりましたが、やはり行き渋ることが増えていました。

ご自分でも心理学や様々なことを学ばれ、あちこちにご相談をされてはいたものの、なかなか改善されないため、お友達のお勧めで私のところに来られました。

世の中から見たら、何が問題なのか理解できない、という方が多いケースかもしれません。どこからどう頑張るのをやめたら良いのでしょうか？

アレルギーがあるため、食事作りを簡単にスーパーやコンビニのお惣菜やお弁当に切り替えることができないので、そこは難しそうです。

しかし、Nさんのお話を伺い、段々とわかってきました。

Nさん自身の中で「きちんとしなくては……」「今のままでは世の中で落ちこぼれてしまう」というような不安や思い込みが特に強く働いていたのです。

それゆえに、自由なタイプの息子さんに対して、きちんととしつけなければ、しっかりさせなければ、という気持ちで接していることが分かってきました。

とはいえ、ここまで何十年もの時間をかけてそうしてきた背景があるので、そんなに急にはその気持ちを手放すことはできません。

ゆっくり時間をかけて、安心感を取り戻しながら取り組んでいき、少しずつ緩んで、今の息子さんの状態を理解し、そして受け入れていくことでNさんご自身がまず楽になり、ご主人とのパートナーシップも改善されて、新居も購入されました。

ご自分のやりたいことが見えてきて、ワクワク過ごすことも増えてきました。


私自身もそうでしたが、「のびのびはいいけど、これ以上はダメ！」という「枠」があると、その枠の範囲をめぐって、子どもとバトルになってしまうことはよくあることです。

親はこちらとしては精一杯「枠を広げてあげている」のに、それでも「文句を言う！」ことに対してイラッとしてしまいます。

しかし、段々とその「枠」が、子どもにどこまで本当に必要なのか、自分が持っている必要があるかを見ていくほど、適切な境界線を保ち、子どもに対応できるようになりました。


特にきちんとしている方ほど、「良い親」にならなくては、非常識な親と思われないように、「枠」にこだわってしまい、自然に力が入ってしまうようです。

それが当たり前だと思っているので、その「枠」をどう緩めれば良いのか、なかなか気づくことが難しいのです。

子どもといる中で、「何かが違うのかも」という感覚、違和感を感じる、なぜいつも争いになるのだろう？　と疑問に思うことがすべてのスタートです。

第2章

親が頑張らないほど、子どもは自立する

親が頑張りすぎると、子どもが息苦しくなる

「頑張っている割には、なんだか幸せを感じない……疲れ切っている……」まさに過去の私がそうでした。

手を抜きダラダラやっているのに、根が真面目なのでそれなりに一生懸命やってしまい、なんだか擦り切れてしまう。しかも、子どもたちも微妙な状況……？

そんな状態が続きました。

これまでにも、親が頑張りすぎると、子どもが息苦しくなってしまう例をご紹介してきましたが、どのように感じましたか？

気持ちの変化が起こったり、考え方を変えてみようと思われたりしましたか？

なかなかそうは言っても……という方に向けて、また別の観点から、お話ししてみよう

と思います。

今、頑張り屋さんのあなたは、きっと昔から頑張り屋さんだったかと推測します。

また、ご両親のどちらか、あるいはお二人とも、頑張るタイプだったのではないかと思います。

あるいは、両親がしっかりしていないから、あなたが頑張らないといけない、という状況だったという可能性もあります。

ご自分の子どもの頃のことを、少し振り返ってみましょう。

「思い出せない！」「すっかり忘れてしまった！」という方も、少しずつ思い出すことがあるかもしれませんので、しばしお付き合いください。

意外なお宝が掘り出されるかもしれませんよ。

◆◆◆ワーク◆◆◆

ご両親の両方かどちらかが、頑張るタイプでしたか？

その頑張る姿を見て、子どもの頃のあなたは、どう感じていましたか？

【A】お父さん（お母さん）も頑張っているのだから、自分もしっかり前向きに頑張らなくては

【B】お父さん（お母さん）だって頑張っているのだから、甘えちゃいけない！

【C】お父さん（お母さん）は頑張っているけど、私は同じようにはできない。自信がない……。

【D】お父さん（お母さん）が頑張っているから、私の出番もないしのんびりしていよう。

反対に、ご両親のどちらかがしっかりしていない、あるいは離婚や死別のため、どちらかが家に不在で自分が頑張らないといけないと思っていた場合、子どもの頃のあなたは、どう感じていましたか？

【A】お父さん（お母さん）がしっかりしていないから、自分が頑張らなくては！

【B】お父さん（お母さん）がしっかりしていないから、自分だけは明るく元気にしていよう。

【C】お父さん（お母さん）がしっかりしていないから、せめてみんなを和ませよう……。

【D】お父さん（お母さん）がしっかりしていないから、不安でたまらない……。


いかがでしたか？

ご兄弟姉妹がいる場合は、それぞれのタイプのどこかに当てはまるかもしれません。

この本をお読みのあなたは、子ども思いの優しい頑張りやさんだと思いますので、ほとんどの方が、【A】か【B】タイプだったのではないかと推測します。

そしてご兄弟姉妹の方は、それ以外の【C】か【D】タイプではないでしょうか？。

つまり、あなたが「頑張らなくては」と、つい思ってしまうのは、子どもの頃感じたことと関係があります。


どちらにしても、お父さんかお母さんの頑張っている状況、またはしっかりしていない状況に、子どものあなたは自分らしく幸せに生きることより、「頑張る方」を選んだだけ、とも言えます。

子どもに出ている、頑張るのをやめるべきタイミングのサイン！

反抗期、自己肯定感が低い、口をきかない、ますますダラダラする、自信がない……。どれも親からすると、キツい状況ですよね。

こんなに頑張ってきたのに、「こんなはずじゃなかった！」と思わされる、子どもの態度。まるで、「この先どう接していったらいいのか？」「とにかく難しい……」と、心のため息が聞こえてくるようです。

まさに、親が頑張るのをやめる最適なタイミング、とも言えます。

ここで頑張るのをやめないと、親は子どもの方から見捨てられ、その後は、事務連絡が来ればいい方で、音信不通、実家に近寄らない、というような関係性になる危機の予兆かもしれません。

親がどれだけ頑張ってやってきたとしても、反抗期はやってきます。

早いお子さんだと、小学校高学年くらいから始まります。

こちらが頑張るのをやめないと、反抗期が終わらない場合もあります。

反抗期は、親としては最高にしんどい時期でもあります。

愛想が悪く、言葉が通じなくなる上、ほんのわずかな言葉に反応し、心を閉ざすか爆発します。また、嘘くさく、上っ面の言葉は、そもそもはねつけられます。そして、全てが面倒くさく、うざいと思われて自分の世界に閉じこもってしまいます。

通じない！　話ができない！　と感じるのがこの時期の特徴です。

こちらの頑張りを、勘案してくれなくなるのがこの時期なのです。

それまでは通じていたあの手この手が通じず、同情もしてもらえず、情状酌量の余地もありません。それまでなら仕方なくこちらの言うことを聞いてくれて、譲ってくれていたのに、全てを仇でお返ししてくるかのような、冷たい態度を取られることもよくあります。

露骨に反抗的、また手がつけられないほど反抗的、などと感じる場合は、私たち親へのサインだと言えます。

個人的にはとても興味深く、すごく面白い時期だと感じています。思春期・反抗期は、子どもが自立していく最後の時期でもあり、「親への最後の叫び」を残そうとしてくれているからです。

親への叫び、という意味では、反抗的というだけでなく他も全て同じ意味です。自己肯定感が低いことも、口をきかないことも、ますますダラダラする、自信がない、などということも……。

▼暴言・暴力的な手をつけられないほどの反抗のケース

ここまで膨大に傷ついてきたことをアピールしています。

それは、本人の意見や希望を聞こうとしてこなかったことが原因かもしれませんし（聞いても、言えていない場合も含む）両親の不仲をずっと心を痛めながら見てきたからなのかもしれません。

また、親自身の言っていることとやっていることが、家の中と外で違いすぎる場合、うわべだけ、世間体だけ整えていることに傷ついているという場合もあります。

何もできないような気持ちになりますが、実はできることがあります。

頑張り屋さんのあなたは、これまで頑張ってきたことを全て否定されたような気持ちになっているかもしれません。

しかし、一旦そこは脇に置いて、まずは「今までどれほどあなたを傷つけてきただろうか？本当にごめんなさい。あなたの気持ちを全て聞かせて欲しい。全て聞くから」と、こちらから歩み寄るしかありません。

初めは、どんな言葉も聞いてもらえないかもしれませんが、比較的状態が良い時に、諦めず声をかけ続けてください。あるいは「手紙やカードで渡す」というのもありです。

子どもは、親から心を開いてくれることを待ち望んでいます。

ここで和解ができたら、一生ものの宝物になります。

彼女や彼を紹介してくれるでしょうし、夢をそっと教えてくれるかもしれません。仕事の悩みを聞かせてもらえるかもしれませんし、孫の顔を見せてくれて、子育ての喜びを分かち合えるのかもしれません。

ここを乗り越えることで、「生きていて良かった！」と、心から言える時がやってくると思います。

▼自己肯定感が低いケース

基本的に、今の日本の中学生・高校生は、自己肯定感が低いのが普通と考える方が、気が楽になると思います。大学生がそう言っていました。

ただ、自己肯定感が低いことは、子どもの側から見て、自分がどれほどダメ出しをされたか、どれほど傷ついているか、抑えつけられてきたのか、という表現でもあります。

今から、自己肯定感を高めるためには、どんな状態であっても、その子の状況を「そのまま受け入れる」ことが必要です。

我が家の場合、自己肯定感が高かったのは、死にたくなるほど手こずった三男でした。三男は、私のキャパ、枠をはるかに超えることばかりでした。抑えつけることができないほどパワーが強すぎ、最終的に、こちらが、パワーの強い彼をそのまま受け入れるしか方法がありませんでした。

心理学を専攻していた次男と話したのですが、上の二人との差の理由を、実は本当には私も夫も上の二人の「そのまま」を受け入れていなかったからだと言われました。やはり私たち自身が彼らの「そのままを受け入れよう」としてきたかどうかが、が理由なんだと分析しています。（次男は、繊細さの目盛りが私の10倍以上細かいので、いつも教えられています）

頑張って育ててきたのに、子どもの自己肯定感が低いと、本当にがっかりしてしまいますよね。

子どもにこちらの主張をするとさらにこじれるので、受け入れてこなかった過去を謝り、

「そんなつもりなかったけど、ごめんね、OKだよ」と、一つ一つ受け入れ、OKを出してあげるしかないようです。

子ども本人のこれからの人生のために必要なら、と割り切って対応するのが良いかもしれません。

子ども本人の気質や繊細さ、感じ方、感受性にもよるので、兄弟姉妹でも差がありますが、自己肯定感の低さが気になったその時その時に、対応していくしかないようです。

▼口をきかないケース

これも親が困ってしまうケースですが、「口をきかない＝言っても無駄」と諦めていることの意思表示と言えます。

暴言・暴力的反抗とは、表と裏のケースと言えるかもしれません。

子どもは誰でも同じく、親に「分かってほしい」「理解されたい」という気持ちを強く持ち続けています。

どこかのタイミングで、「今までどれほどあなたを傷つけてきただろうか？　本当にごめんなさい。あなたの気持ちを全て聞かせて欲しい。全て聞くから」と、こちらから歩み寄るしかありません。

子どもの心が開くまで諦めずに声をかけ続けるか、手紙やカードで伝えてみてください。ここでの和解が未来の幸せにつながっているので、リラックスして素直な気持ちで、ハートをオープンにして、話せるように心がけていきましょう。

▼ますますダラダラするケース

子どもはつまらないとダラダラするもの、だというくらいの理解でちょうど良いのかもしれません。

特に思春期は、心も体も重く眠く、地球の重力に逆らえないかのようにゴロゴロしています。

シャキッとしていたらすごい！　というくらいに。

普段から頑張っている親からすると、見ているだけで嫌な気持ちになるかもしれません。

しかし、学校の内や外で、心も体も頭も、ものすごいエネルギーを使うための充電をしているのだと理解すると、ダラダラしている状態を受け入れやすくなるかもしれません。

充電がしっかりできると、また「外の世界に行ける＝自立」していくようです。

その時を、楽しみに待ちましょう！

▼自分に自信がないケース

これも、自己肯定感が低いケースと同様ですが、少しニュアンスが違うように感じています。

テストで自信がない、運動に自信がない、あるいはルックスに自信がない、ということではなく「子どもが、自分に自信がない」とご相談を受けるときは、おどおどしている、クラスで小さくなっている、など、はたから見ても分かるような様子の場合に、「自信がない」という言い方をするようです。

第1章でご紹介させていただいたAさんのように、なんでもできて頑張る親の姿を見ていると、「自分なんて……」と、自信を失う子どももいます。

少し話がそれますが、女同士、男同士は難しい、という話を聞いたことがあると思います。

例えば、女同士であれば、服のセンスやお肌の状態、髪型など美容のこと、料理の腕や家事力、モテ度、注目度、愛され度、キャリア、学力など、無意識に競争しがちになるでしょう。

男同士であれば、勉強やスポーツの出来不出来、成績、学歴、年収、集中力、部活やサークルや仕事のポジション、アルバイトの種類、影響力、モテ度、遊び力、人脈、仕事の実績など、無意識に競争しがちです。

男同士、女同士の場合は特に「無意識に子どもと競争しているかも?」と立ち止まることができると、無意味に子どもを否定することは格段に減ると思います。

夫と妻で、お互い気づいたら「今、子どもと競争していたよ！」と伝えあえるといいですね。

本人の気質もありますが、「自信がない」というケースも、過去のダメ出し、否定など、「そのまま受け入れる」割合が低かったことが影響しているので、このケースも反抗的なケース同様、謝り、気持ちを全て聞いていくことからスタートします。

「自信」というものは、つけさせようとしてつくものではありません。

何かができるから自信がつく、というよりも「自分のままで受け入れてもらえる」ことが増えるほど、自然と自信が生まれます。

とはいえ、反抗的な態度や暴力をそのまま受け入れる、という意味ではありません。

その暴力や態度の奥に必ず「理解してもらえなかった悲しみ」や「受け入れてもらえなかった痛み」などが存在していて、その「悲しみ」や「痛み」を「そのまま受け入れる」という意味です。

「悲しかったね」「辛かったね」「痛かったね」「ごめんね」と、一つずつ受け入れていくことで、その悲しみや痛みが癒され、溶けて、親子の和解につながります。

親子が和解できると、子どもは自然と自立していきます。

いくら愛していても、普通にしていても、頑張っていても、どの子どもにも、悲しみや痛みはあります。

痛みのない子どもは存在しません。

その痛みの量と深さが、それぞれ違うだけなのです。

親が心から謝ることができると、子どもも心から謝ることができる人になります。

親子が和解し、つながることができると、子どもは安心して、自分のことに集中できるため、自分らしく自然に自立していきます。

◆◆◆ワーク◆◆◆

子どもと話をする。
気持ちを全て、そのまま、じっくり聴く。

自分の意見がない、自分で決められない子どもになっていませんか？

5歳の時より10歳の時の方が、不安が大きくなっていませんか？

「小さな時は可愛かったのに、今は腹が立つことばかり言う」という話を度々聞きます。

これって〝いいことだな〟と微笑ましく思います。

自分の意見があり親にも主張できる、ということだと思いますので。

反対に、おとなしくて聞き分けがいい、自分の意見がない、自分で決められない子どもかも、という場合は、幸せな自立から、遠ざかっているかもしれません。

Eさんは、小学校1年生の男の子のママでした。

下の子が生まれたこともあって余裕がなく、受験に臨んだ際にかなり怒ってしまったそうです。

親子で大変な思いをして合格をし、入学したものの、以前のように子どもに元気がないことを心配されて、ご相談にこられました。

受験と妹の誕生が重なり、大きなストレスがかかった状態で入学をしたことで、「ママの言う通りにする」という状況が増えていたとのことです。

自分の機嫌を取ろうとする子どもの姿を見ていて辛くなる、ということでした。

まずは、これまでの自分の頑張りを認めること、その上で、頑張っていること、そして無理をしていることをやめる、ということを提案しました。

ご主人の協力はあるものの、お仕事もされており、お子さんが増えたことで余裕がなくなってしまっていたのです。

お子さん自身も、学校のことや習い事でも、相当無理をしているようでした。

Eさんの場合、ママ自身が心身ともに疲れ切っている状態でした。

ご自身も、厳しい親に育てられたとのことでしたので、まずはそのケアが必要でした。

子どもに怒ってばかりのダメな母親だという罪悪感も癒す必要がありました。

厳しい親に育てられた方は、ご自身がこれまで頑張ってこられているので、子どもにも同じように厳しく接してしまう傾向があります。

もしくは反対に、「子どもの言うことを聞いてあげなくては」と、いう意識が強くなり、子どもの言いなりになる傾向があります。

どちらも裏と表で、その痛みに気づき、癒すことで、少しずつ反応せずに対応できるようになります。


この痛みを「**感情的負の遺産**」と言います。


親の親、そのまた親、と先祖代々から受け継がれてきている負の感情、という意味です。

ですから、親自身が悪いのではありません。自分を責めるのではなく、「親から受け継いだ感情的負の遺産かも？」と気づくことで、自分を許してあげて欲しいのです。


これについては、対応できる専門家の力を借りることをお勧めします。

ご自分でできる範囲の内容を、ここではお伝えしますね。

◆◆◆ワーク◆◆◆

①子どもに厳しくしてしまう自分、子どもの言いなりになってしまう自分を許し、受け入れる。

「だって、他にやり方が分からなかったのだから仕方ないよ。ここまでよく頑張ってきたよ！」と、自分に優しく言ってあげる。

②自分の心の中に、小さな自分＝インナーチャイルドが感じられる場合は、その子に声をかけてあげる。

「頑張ったね。辛かったね。苦しかったね。優しくして欲しかったね。」その子が癒されるような言葉をかけてあげる。

③その子がホッとしたような様子になったら、その子をイメージでハグして「そこにいていいよ。私がいつも守るから。」と声をかけ、深い呼吸を数回して、終了する。

厳しくしてしまうこと、言いなりになってしまうことも、あなたのせいではありません。

④子どもの頃の、あなた自身の痛みからそうしてしまうだけ、ということを頭の片隅に覚えていてください。

私自身もこのワークを何度もすることで随分楽になってきています。
少しでも楽になりますように。

それは、本当にあなたが望んでいる状況なのでしょうか？

頑張ってきたのに、なぜか違う方に行っている、望んでいる状況ではない……。

ご相談でも度々聞く言葉です。

なんだかおかしい、空回りしている気がする……。

私自身もそうだったので、本当にその気持ちがよくわかります。

できることは全部やっているはずなのに……気持ちが純粋で、頑張りやさんだからこそ、はまってしまう〝罠〟のようなものです。

しかし、頑張ること以外の選択肢を知らないと、いつまでたっても抜けられないまま、本当に望んでいる状況からどんどん遠のいてしまいます。

改めて、ここでワーク。

◆◆◆ワーク◆◆◆

▼あなたが本当に望んでいる状況は？

第3章

逆説の子育てのススメ

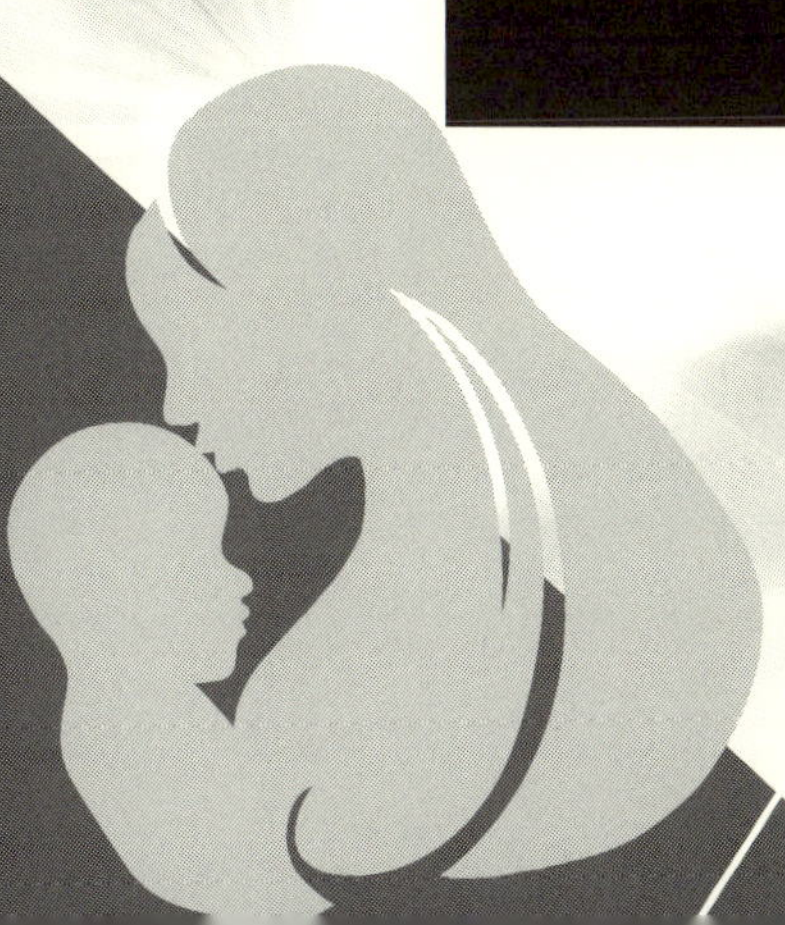

親が頑張って、うまくいく例、いかない例

ここまできて、疑問が湧いている方もいらっしゃるかもしれません。

親が頑張って、子どもがオリンピックやサッカーの選手になったとか、歌手や俳優になったとか、伝統芸能の役者さんになったとか、東大に入学した、とか、テレビや新聞、雑誌でインタビュー記事などを読まれたことがあると思います。

親子の関係を、タイプ別に分類してみましょう。

(1) まっすぐ竹型

(2) 思い通りに曲がる盆栽型

(3) 雑草型

感覚的に、(1)と(2)が1〜2割。(3)が6〜8割です。

つまり、多くの親子は（３の）雑草型に当てはまる可能性が高いということです。

（1）まっすぐ竹型（1～2割）

親の希望と子どもの希望がほぼ一致しているタイプです。

コントロール抜きで二人三脚でやってきたという親子が、この場合に当たります。芸術家や職人、俳優や芸能、会社経営、エンジニア、親子で超一流大学、医者や学者というケースや、スポーツ選手などが多いようです。

骨格や頭脳、器用さなどの遺伝的要素、道具や体験などの環境的要素も強く影響します。親と子で道が違う場合もありますが、子どもにとっては、当たり前のようにまっすぐその道に入るタイプです。

（2）思い通りに曲がる盆栽型（1～2割）

親の希望や期待に沿って子どもを育てた、あるいは親の希望や期待に沿いたい子どもを育てたタイプです。

意識的・無意識的なコントロールが入るので、大人になって以降、個人の人生として幸せかどうかは不明です。

（コントロールの弊害は、それに気づいた段階からコントロールされていた相手に怒りがわくこと。コントロールが強ければ強いほど、怒りが恨みや憎しみに変わってくるため、幸せや心の平安を感じながら人生を送るのは難しくなってしまいます。癒しが必要となるケースでしょう）

（3）雑木林型（7〜8割）

一般的にはほぼこのタイプに該当します。

どんな木に育つかは分からないので、様子を見ながら適切に、日に当て、水をやり、時には肥料をあげる必要があります。

育てる人が頑張りすぎて、水のあげ過ぎ、日に当て過ぎ、肥料のあげ過ぎ、あるいは放置し過ぎに注意しなくてはならないでしょう。

それぞれのタイプ分類は、いかがでしたか？

竹型か、盆栽型か、雑木林型か。お子さんのタイプや家庭環境などを考慮しながら、どのタイプが合っているか、検討をつけてみてください。

この本をお読みの方は、竹型の可能性は低いと思います。盆栽型か雑木林型の可能性が高いでしょう。

また、ご自分はどのタイプとして育ったのでしょうか？

私は、人生の前半が盆栽型で、今は雑木林型に変わろうとしています。

おそらく、私の子どもは上の二人が雑木林型で、三男は竹型に近いかもしれません。私も夫も芸術家ではありませんが、彼は幼稚園くらいの時期からアーティストの要素や才能を表しているので、その道に進むだろうと予想してサポートしています。

◆◆◆ワーク◆◆◆

お子さんのタイプ、あなたのタイプは？

今うまくいっていないなら、やり方を変えてみませんか？

テレビや新聞、雑誌などで取り上げられるのは、分かりやすい竹型か、盆栽型のお子さんの話が多いと思います。

そのような例を目にする機会が多いので、それを真似ようとしていませんか？

もし、真似をしてもうまくいっていない、幸せや心の平安を感じられていない、子どもや自分、もしくは家族の未来に不安がある、というような状況だとしたら、やり方を変えてみてはいかがでしょうか？

もちろん、真似をすることが悪いわけではありません。もしかしたら、竹型の可能性もあるからです。

しかし、竹型だと思ったけれど雑木林型だったと気づいた子どもに、「なんとかまっすぐ進ませよう」とか、「お前は竹なんだ。まっすぐ伸びろ！」などと言っても仕方がありません。

雑木林の一本の木だったことを受け入れて、様子を見ながら育てていくようにしましょう。竹よりも、もっと幸せで豊かな人生が待っている可能性もあります。

反対に、雑木林型だと思って育てていたら竹だった、ということもあるでしょう。

その場合には、もともと様子を見ながら育てているので、実は竹だったとしても、基本的にそんなにやり方の変更はないはずです。

ただし、竹型のそばには必ずいるコーチや先生、メンターを探す必要があるかもしれません。

最終的にはどのタイプであったとしても、タイプが変更になったとしても、基本方針はそれほど変わらないと思います。

大切なのは、うまくいっていない子どもが辛そう、苦しそう、自分も家族もしんどい、誰も幸せではないし未来にも希望が見えない、と限界を見極めた時点でやり方を適切なものに変えることです。

そうすることで希望が見えてくる、光が差す、ということなのだと思います。

竹型、盆栽型を目指してきたのは、世の中の価値観が統一されていて、みんながそれが幸せだと感じていたからでしょう。

かつては、竹型、盆栽型が目指す理想でした。「一流大学・一流企業に」「立派な大人に」「収入の高い職業に」「社会的地位の高い職業に」「有名選手に」という理想を目指して、みんなが子育てをしていました。

それが、当時の幸せであり、統一された価値観であったからです。

その結果、もともと竹型のタイプの子どもは良かったけれど、盆栽型で育てられた人は、大人になって問題が噴出しました。

「優等生」「良い子」「良い妻」「優秀な夫」を求められて育った結果、どこか息苦しく、生き辛さを抱えた状態で生きていかなくてはなりませんでした。

その結果、パートナーとの関係や、仕事でのストレス、両親との関係や子どもとの関係、その他の人間関係全てに影響する問題やストレス、アルコールや依存症、中毒、鬱などの問題を抱えることになりました。あなたにも心当たりがあるかもしれません。

あなたが子どものために頑張らなくては、と思う理由は、自分自身が盆栽型として、「優秀でなくてはいけない」「良い子、良い生徒、良い会社員、良い妻、良い親でなくてはいけない」と理想を押し付けられ、頑張るようコントロールされて育ったからなのかもしれません。

◆◆◆ワーク◆◆◆

▼あなたはなぜ子どものために頑張ろう、頑張らなくてはいけない、と思ってきたのでしょうか？

▼頑張らないと何を失う、どうなってしまうことを恐れているのでしょうか？

▼それは本当ですか？

▼違うとしたら、今から何ができますか？

でも、これからの時代は違う!

これからの時代は、多様性と創造性の時代です。

直感やインスピレーション、ひらめき、イメージやビジョンが大切です。

子どもそれぞれが自分の人生の主人公として、幸せと自立を叶えていく時代なのだと思います。


前のページで、過去の理想と、うまくいかなかった原因を見てきました。

そして、これからの時代は、ここからどうしていくのかが問われます。


竹型は、生まれ持っている要因が大きく関係しているようですが、思い通りにする盆栽型は、もう過去のものになりつつあります。

親が思う通りのものは、時代遅れの可能性が高く、さらにコントロールされる心身へのリスクは、その先の人生を思えば、プラスよりもマイナスの方が大きい可能性が高いからです。

多様性や創造性に対応できる人に育てるには、親も、子どもの多様性と創造性を尊重する必要があります。

ＡＩがますます広がるこれからの時代は、考えて答えを出すことより、直感、インスピレーション、ひらめき、イメージやビジョンといったことが大きな要素になってきます。

親が頑張り過ぎていると、子どもの直感やひらめきを大事にする、受け入れる、というスペースをつくるゆとりがなくなってしまいます。

「これをしなくてはいけない」「次はこれをする必要がある」「もっとこれをしないと！」と、日常の大切な時間がその意識だけでいっぱいになってしまいませんか？

直感やインスピレーション、ひらめき、イメージやビジョンは、脳がα波の状態、つまり、リラックスしている状態の時、または「ゾーン」と言われている状態の時、何かに集中している時、ワクワクしている時にも、直感やインスピレーション、イメージやビジョンが降ってきやすい、と言われています。

「しなくてはならないこと」でいっぱいの時は、直感やインスピレーションが降ってくる隙間がありません。

もともと子どもたちは、直感やインスピレーションの塊です。

小さな頃には、ほぼ全ての時間を、直感だけで過ごしていた時代があったはずですし、今も、放っておいたら、その状態に戻ることは可能です。私たち大人も。

そのために、具体的には以下のようなことに気をつけましょう。

●子どもの興味関心を受け入れ、否定しないこと

「へー、そうなんだね!」「それが面白いんだねー」と聞く。

「そんなのやっても無駄でしょ!」とか、「それやって、どうするの!?(疑問ではなく否定の意)」などの言葉を止めること。

●想像力、創造力を応援するような言葉をかけること

「(面白がって) それでどうするの?」「それからどうなるの?」「どうしてそういうことしようと思ったの? (純粋な疑問)」という言葉に変えていく。

●直感やインスピレーション、イメージで動いている、遊んでいる時間を日常で大事にすること

子どもが夢中で遊べる時間やゆとりを確保したいですね。ゲームやユーチューブもそうなのかも?と思ってみる。

●リラックスしている時間を大事にすること

ごろごろだらだらもリラックスタイムですから、何か降ってきているかも? と、放っておく。とはいえ、その後「何かインスピレーション降ってきた?」といちいち聞かないでくださいね。

個人的には、**純粋に子どものこと、子どもがやろうとしていることを「面白がる」というセンスがすごく大切**な気がします。

そして、子どもそれぞれの幸せと自立を叶えていくようサポートします。

親が望む子どもにするのではなく、チャレンジしたい子どももいれば、安心して過ごしたい子どももいます。

遠くで見ているのが幸せな子どももいるし、自分がやらないと気が済まない、という子どももいます。

今はやらないけど、もう少し経ったらやるとか、今すぐやりたい！　後では嫌！　という子もいます。


親は、これを全部聞く必要もないけれど、その気持ちは受け止めてあげたいものです。

親が今やらせたいからやらせるとか、3年生になったら行かせるとか、外的な条件ではなく、この子にとっていつがいいのか、何がいいのか、などを見極められるようになるのが理想です。


でも、それを見極められなくたって構いません。

見極めたつもりでも、単にこちらの思い込みの場合だってあるのですから。

だから、子どもに聞くことが大切です。
子どもの話にできるだけたくさん耳を傾けてあげてください。
こちらの意見を言わないで、話を聞いてあげてあげてください。

「この子は、本当はいつからスタートしたいと思っているのだろう?」「本当は、どこに行きたいと思っているのだろう?」と探りながら聞いてみましょう。
そうすると、いつが本当はいいのか、どこが一番の本当の望みなのか、その子にとって、自分たちにとって最適な時期、一番望んでいる場所が見えてきます。

押し付けでもなく、言わされたという状況でもないことが大切です。

この「一緒に決める」「一緒に決めた」という感覚は、子どもの中で「幸せな感覚」としてずっと残ります。

「話を聞いてもらえた満足」「分かってもらえた満足」「認めてもらえた満足」「愛されてい

るのだという満足」「いつも応援してもらっているのだという満足」など、様々でしょう。

この「満たされた感覚」が、「一人前に扱ってもらえた感覚」「自分でも決められる感覚」として「自立」への力になっていきます。

例えば、塾や習い事をスタートするとき、通信教材を選ぶとき、遊びに行く場所を決めるとき、家族旅行や日帰り旅行先を決めるとき、そして進路を決めるときなど、しっかりと子どもの話を聞き、この感覚を育てていきましょう。

それは、子どもが自分自身の力を信頼する感覚が育っていくこととつながっています。

ちょっとしたことが日常でも転がっています。

例えば、おやつ選び、おもちゃ選び、ノートやペンケースなど文房具選び、洋服選び、見に行く映画を選ぶとき、などなど。

こちらの場合は、子どもの好み以外に直感やインスピレーションを使って選ぶことを取り入れると、さまざまなタスクが、ワクワクするものに変わっていくでしょう。

【ポイント！】

・直感やインスピレーションが働くスペース（ゆとり）を持つ
・子どもの興味・関心を否定しないで、創造性や想像力を応援する
・自分で決める、一緒に決める体験が、幸せと自立につながる
・そのために、たくさん子どもの話を聴く

◆◆◆ワーク◆◆◆

▼子どもが今、一番興味・関心があるのは何ですか？

▼その、どんなところにワクワクしているのだと思いますか？

▼これから、一緒に考えたい、一緒に決めたいなあ！　と思うことはどんなことですか？

こちらの意見を言わないで、とことん子どもの話を聞けそうだったら、先に進んでください。

自信がない場合、聞けそうにない場合は、もう一度この章を最初から読み直してください。

親も子どもも頑張るのをやめる

今あなたに必要なのは、「頑張らない」「ゆるゆる」逆説の子育てなのです。

ここまで読んできて、いかがですか？
親が頑張るのをやめる価値を、感じていただけているでしょうか？
あるいは、「そうは言っても……」とまだ、疑問が残っている、やめられない、と感じているでしょうか？

▼疑問▲
「あの子はまだそこまでしっかりしていないから、まだまだ私が考えてあげる必要があるんです」

少しずつ、「頑張っていること」「無理していること」をやめていくことは、可能でしょうか?

もし、難しいと感じている場合は、何を恐れているのでしょうか?

急に放り出せ、という意味ではありませんし、絶対無理なところはやめる必要はありません。


例えば、お弁当や食事作りを、無理しているからという理由で急にやめたら、あなたも家族もみんな困ってしまいます。


しかし、「1週間に1度か2度は買ってきたものにする」「たまにはシンプルにおむすびだけ持たせるあるいは何か追加で買う」「高校生なら学校やコンビニでパンかお弁当を買ってもらう」「ごはんを炊くのは子どもにお願いする」などをお願いするのは問題ないのではないでしょうか?

つくおき(作りおき、常備菜)ができれば、それに越したことはありません。

切って並べるだけ、または温めるだけでOKとする生協のお惣菜セットも、安心の点でも手軽さでも超オススメです。レトルトやお惣菜やお弁当もOKにする。また、子育てで手が離せなかった時期で仕事がどうしても忙しい時は、平日でも出前や外食もＯＫにしていましたね。


また、休日の食事はできるだけみんなで作ることができるものにするのもいいですね。

例えば、餃子、焼肉、ピザとか手巻き寿司などです。

以上のように、「作らなくてはいけない」を、一度ゼロリセットしてみると、いいのではないでしょうか？

「ここだけは手作りしたい」「これだけは作ってあげたい」「お母さんから受け継いだこのお料理は伝えたい」「これだけはせめて持たせてあげたい」「この日は、家族みんなで作って楽しく食べたい！」「お誕生日のケーキだけは作ってあげたい」などなど、本当に「やりたいこと」が明確になってくるはずです。


「何のために作るんだろう？」と思うこともあるかもしれません。

しかし、家族みんなで美味しくて楽しい食事をしている光景に幸せ、を感じたとしたら、頑張って作る、のが目的ではなくて、「家族みんなが美味しく楽しく過ごす」ことが本当の目的なのかもしれないですよね。
だとしたら、美味しいケータリングやデリバリーを頼む、ということでも十分ですし、そこに罪悪感を持つのはもったいないことだと思います。

私が、「母親は、ごはんもおやつも栄養のバランスを考えて美味しくしっかり手作りすべき!」と思って頑張り続けていたら、長男の手料理を振舞う才能や、三男のおやつ作りの才能を発揮する「隙間」はなかったと思うのです。

ママ友の中には、食に詳しくて堪能な人が何人もいて、私の中ではみんな憧れの方です。お料理研究家として本を出している人もいるし、カフェでランチを提供していた方もいました。そうでなくても、本当に美味しくて体にも優しい、心のこもったお料理やおやつを手早く作るママがいます。

Fさんは、持ち寄りパーティーの時は、いつも美味しいものをシェアしてくれます。そんな中で育ったお子さんたちは、美味しいもの大好きで、作るのも大好きなようです。

日本は、便利なものがたくさんあっていいね、とハンガリーに住みながら３人の子育てをしている妹が、とても羨ましがっていました。

海外の家庭の食事を見ると、かなり簡単な感じがしませんか？

切って並べるだけとか、温めるだけとか、お弁当もリンゴとピーナッツバターのサンドイッチを詰めるだけとか……。

毎日それで生きている子どもたちも世界中にいるのだと思うと、お弁当作りやごはん作りに決して熱心とは言えない私は、いつも励まされる思いでいました。

もし食に情熱がわかないという方や苦手意識がある方は、そんなグローバルスタンダードな世界標準の食事を取り入れてみてもいいかもしれません。

その他の家事が大変な場合は、おつかいを頼む、お掃除ロボットをサンタさんか誰かにお願いするのもいいでしょう。

洗濯物を取り入れてもらう、子どもやパートナーに自分の洗濯物をたたんでしまってもらう、タオルはたたんでもらう、お風呂の掃除をお願いすることなどもできるでしょう（これらは小学1年生のお正月くらいから可能です)。

食器は自分たちで運んでもらう、おやつ作りを一緒にする(おやつ好きの子ども、食いしん坊の子どもは味見し放題にすると飛びつきます!)、子どもの部屋の掃除は自分たちでやってもらう(その代わり綺麗さを追求しない)、時には毎日使う階段掃除、小学生以上ならトイレ掃除・洗面所掃除もやってもらうのもいいでしょう(毎日何回使った? じゃあ、たまにはお掃除してもいいよね? トイレ掃除やお風呂掃除、洗面所掃除は、お金持ちになれるんだって。昔から立派な人は、トイレ掃除をしっかりする人だって聞いたよー)。

家庭菜園、鉢植え、観葉植物の世話(地味ですが、好きな子は好きな分野)クリスマスやお正月の飾り付け(これも子どもたちは大好きですよね!)などなど、声はかけるけれど、期待しないで子どもたちが楽しそうにやっていることが大切です。

また、大掃除の時は、家族みんなでイベントとしてやることがオススメです。

窓拭きやベランダ掃除(これは意外と子どもは大好き! 水を使うし、非日常だからでしょうね）、床拭き、玄関掃除、靴箱の掃除をお願いするのもいいですよね。

彼らの幸せと自立のためにも、お手伝いは、じゃんじゃんやってもらうのがオススメです。親が頑張って家事をしてしまうと、彼らのお手伝い筋肉がつかず、幸せと自立から遠ざけてしまいます。

なぜなら、私自身がまさにそうだったからです。

「お手伝いするくらいなら、ピアノか勉強していて」と言われて、大学生になるまでおつかいにも行ったことがなく、お料理のお手伝いもほぼしたことがなく、デートの時のお弁当作りは母と一緒に数回作っただけでした。

大学時代は体育会、ボランティアサークル活動、その資金作りのための掛け持ちアルバイト３つ以上の生活に明け暮れ、自宅にいてもほとんどお手伝いというものをしたことなく、入社後は、独身寮に入り、食事もお風呂も付いているという状況でした。

そのため結婚して、最初に鶏の唐揚げを作ろうとスーパーに行っても、どのお肉を買ったらいいのか分からず立ち尽くした、という、苦い経験があります。

そんな状態で結婚して1年ちょっとで、長男が生まれ、その世話だけではなく、毎日のお料理作りやお掃除が慣れないため、一つ一つがかなり大変だった体験があります。

家族のことを、家族みんなでやり役割分担するということは、彼らの存在意義、自己価値の発揮にもつながっています。

もちろん「あなたはいるだけで価値があるよ！」ということが大前提ですが、子ども自身が、家族に貢献することができる＝社会や世界に貢献することができる、という感覚の土台を作ります。

それだけではなく、家族の幸せに自分も加わっている、家族とつながっている、という感覚は、有名な心理学者であるアメリカのマズローの欲求5段階説でいう、第3段階「社会的欲求＝所属と愛の欲求」を満たすことにつながります。

そして、そこから「承認の欲求」「自己実現の欲求」へと段階を上げていき、幸せと自立を感じられる人生のためには、大切な必須の段階でもあります（ちなみにその前は、図の通り、「生理的欲求」「安全の欲求」で、これをお読みのあなたは、そこは十分満たしてあげていると思います）。

さらに、あなたが頑張ることで、家事を子どもにお願いしない、お手伝いをするゆとりを与えないということは、本当は持っているのにまだ発揮されていない、彼らの才能や可能性が埋

<図>マズローの欲求５段階説

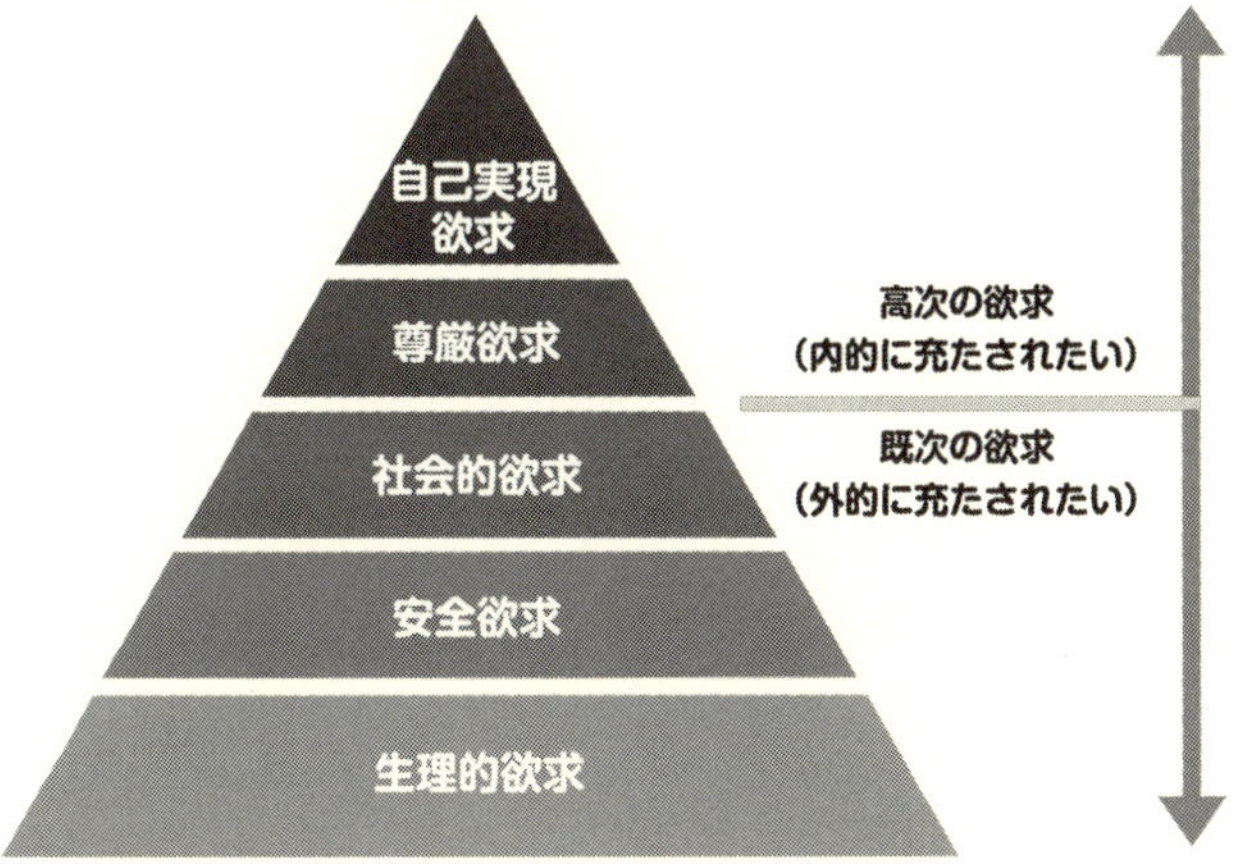

もれてしまうかもしれないです。

それは本当にもったいないことです。
もしかしたら世の中の損失かもしれません。

いきなり放棄しなくて大丈夫です。
0か100ではなく、譲れるところを譲って様子を見ていってください。

自分がただ楽をするため（それでも十分OKですよね！）ではなく、子どもの才能や可能性、将来性のため、「頑張ることをやめる」ことができるものを探っていきましょう。

あなたが「頑張っていること」で、子どもの自信が失われているかもしれない、としたら何を手放せるでしょうか?⁉

◆◆◆ワーク◆◆◆

頑張っていること、無理していることを一枚の紙に全て書きだしてみてください。

書き出せば書き出すほど、あなたも子どもも可能性が広がります。

その書き出した項目の上に、お願いできる、お願いできそう、お願いしたい家族や人、お店などを書き込んでみてください。

家族にその紙を見せて、〝これ、お願いできたら、ママ（パパ）すっごく助かるんだけどな～どうかなー？　やってもらえたら嬉しいなあー〟と聞いて〝いいよー〟と言われたら、本人の目の前で書き込んでいく。

その紙を定着するまで家族みんなが見えるところに貼っておきましょう。

子どもと新しい関係性をつくる

ここまで、あなたが頑張るのをやめることにフォーカスしてきました。

少しずつ肩の力が抜けて、親として責任感たっぷりな自分より、個としてのありのままの自分へとサイズダウンできるイメージはできましたか？

頑張ることをやめると、なんだか心もとないと感じる方もいるかもしれません。

じゃあ、親としてやることは本当にないの？　と思うかもしれません。

特にこれからの時代、本当にやる必要があるとしたら、以下のようなことだと感じています。

「子どもと新しい関係性をつくる」＝「子どもとつながる」発展形

子どものために、家族のためにと頑張ってきたのに、なんだか報われない感じがあるのは、もしかしたら「子どもとつながっている」「家族とつながっている」という感覚が薄いと感じるからかもしれません。

「つながる」機会は、日々子どもと接する瞬間瞬間に転がっています。

朝送り出す時、帰宅した時、寝かしつける時。

仕事をしていて思うように子どもと過ごす時間がない、という方も、「子どもとつながる」のに時間の長さは、関係ありません。

子どもが赤ちゃんの頃は、状況的に授乳や抱っこも多く、接している時間も長いので「つながっている」感覚を持ちやすいのですが、子どもが大きくなるにつれ、どうしても「つながる」感覚が薄れがちです。

もう一度「つながる」ためには、親対子ども、誰か対自分、と真正面から向かい合う、というより、親と子で横に並んで未来の景色を見ながら日々をつくっていく共同作業のような感覚です。

子どもが成長するにつれ、親の責任感が減っていくと、この感覚が生まれやすく、それは、子どもが幸せに自立していく流れにつながります。

親が「子どもをなんとかしなければ」と頑張るのをやめると、自分の立ち位置がわからなくなってしまうこともあるかもしれません。

子どもの人生に関わることを諦めてしまったり「じゃあ好きにすれば！」と突き放すこととも違うからです。新しい関係性をつくろうとするとき必要なのが、「子どもの心の声を聞くこと」と、「自分の心の声を聞くこと」です。

つまり「あなたは本当はどう感じている？　どう思っている？」「私はこう感じている・こう思っている」と、子どもと自分の未来を見ながら率直に話ができる、信頼をベースとした関係性だと言えます。

「本当はどう思っているのか？どう感じているのか？」というお互いの「本当の思い」に対する信頼のベースがなければ、親子と言っても、うわべだけの関係性か、感情をそのままぶつけ合うだけの不毛な関係性に終わってしまう可能性があります。

そして、それは、子どもがこれからの時代を生きていくのにとても必要な「人とつながる力」にも大きく関係していきます。

あなたが万が一、人付き合いが苦手、人間関係が苦手であっても大丈夫です。

私も長い間ずっとそうでした。今からここから、お子さんとつながる新しい関係性を少しずつつくっていきませんか?

「心の声を聴く」と言われると、なんだかすごく難しい気がしますが、そんなに難しくありません。

ここで少し子どもの頃、あるいは思春期の頃の自分に立ち返ってみましょう。

過去に、「自分の気持ち、分かってほしかったなあ」「せめて理解しようとしてほしかったなあ」と思ったことはありませんか?

そして、それを後になって伝えてみたものの、「あの時はこっちも忙しかったから仕方ないでしょ!」「だって、その時あなたは何にも言わなかったじゃない?」「こっちだって、当時は大変だったんだから－」「あなたも大人になったからこっちの気持ちもわかるでしょ」

というような、言い訳をされてさらに傷ついた、という経験はありませんか?

きっとあなたはこう思ったと思います。

「それはわかっていたけど、でも、あの時は本当に辛かったんだよ。その辛い気持ちをわかってほしかっただけなのに……」

まさに、これが、あなたの「本当の思い」であり、「心の声」なのです。

完璧には理解はされなくても、理解しようとしてくれるだけで気持ちが和らいだ、落ち着いたという経験もどこかでしていると思います。

私たちは全員、「もともとは子どもだった」ので、必ず子どもの「本当の思い」「心の声」は理解できます。

コツは、「親としての立場」や「親としての責任感」「親としての言い訳」を脇に置き、横に座って同じ景色を眺めるような立ち位置で話を聞き、「本当は、どう思っているんだろう?」と気持ちを寄せ、心に耳を傾けることで「自然に心と心のつながり」が生まれていきます。

そしてその信頼をベースとした「心と心のつながり」を大事にしていくことで、未来への共同作業、協力者としての感覚がお互いに育まれていきます。

その感覚が、子どもが将来、仕事のプロジェクトや夢やビジョンに向かって協力しあって何かを成し遂げる、「人とつながる」感覚に役立っていきます。

とはいえ、私自身もまだ試行錯誤中です。

子どもの横に座って心の声に耳を傾けながら話を聞くことはできるようになってきましたが、時には思わず「親である自分」が顔を出し、上から目線で言ってしまうこともあります。

そういう時は、やはりすぐ子どもが離れていくので、もう一度やり直しです。

当たり前といえば当たり前ですが、仕事では、「親である自分」が顔を出すことは一切ありません。

やはり「親」かそうでないか、という違いは大きいと日々感じています。

周囲を見渡し、幸せに自立している人たちやメンターたちを見ていると、上とか下とかではなく、その人、そのままの自然体な在り方で、「人とつながる」名人のような人が多いなあと感じています。

◆◆◆ワーク◆◆◆

自分と子どもの心の声を聞きましょう。

▼「自分」の心の声を聞いてみましょう

椅子に座って、軽く目を閉じ、リラックスして、深い呼吸をしていきます。

自分のハートに意識をフォーカスします。

何と言っているでしょうか?

聴こえてくるまでに時間がかかるかもしれませんが、ゆったりとした呼吸を続けます。

はっきりした言葉ではなく、冷たい、とか暖かい、とか、締め付けられる、とか、ハッピー、とかワクワク、などの感覚として感じる方もいます。

正解・不正解はありませんので、ゆったりとした気持ちで、少し面白がるような気持ちで、「自分の心は今、なんと言っているのかな」と耳を傾けてあげてください。

そして、聴いた答えに、ぜひ寄り添ってあげてください。

▼「子ども」の心の声を聞いてみましょう

初めは、横に座るのが良いかもしれません。

子どもの話を「そうなんだね」「そうだったんだね」「そう感じたんだね」と、共感しながら聞いていきます。

その中で「何を分かってもらいたいと思っているのか」、**本当の思い**を探るような感じで聞いていきます。

「自分の心の声を聴く」ワークでやったように、子どものハートに自分の意識をフォーカスする感じでも良いでしょう。

慣れないため、最初は、なかなかつかみづらいかもしれませんが、「理解しよう、理解したい」というこちらの思いが大切なので、耳を傾けることに集中してください。

「本当の思い」は、とてもシンプルです。

「寂しかった」とか「見捨てられたように感じた」とか、「怖かった」とか。

その心の声、本当の思いを分かち合えた時、お互いに「つながった」感覚を感じられると思います。

第４章

親が頑張るのをやめると、子どもは幸せに自立する Q＆A

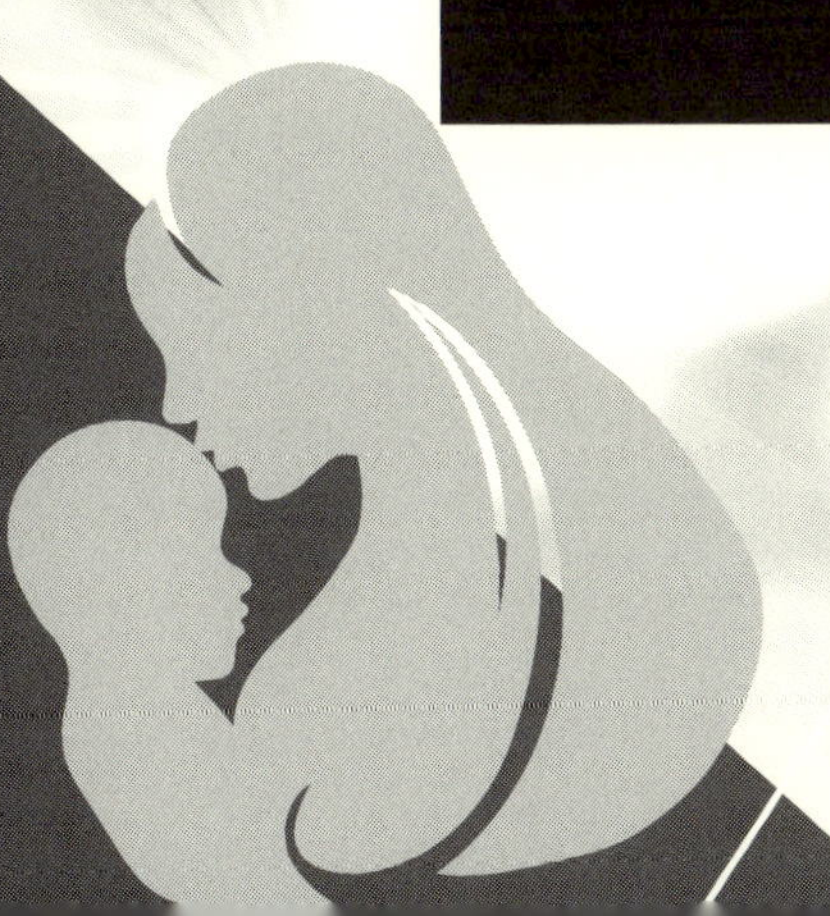

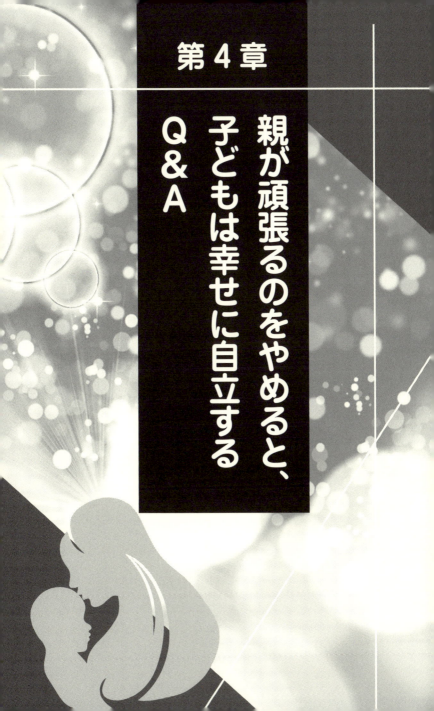

自分を超えた存在になることが、本当のゴール！

さて、ここまで、子どもの幸せと自立、そしてつながることを目指してきました。

けれども本当のゴールは、「これからの変化の時代を生き抜いていける子ども」であり、「あなたを超えていく子ども」ではないでしょうか？

あなたの思い描いている理想像は、時代に合っているでしょうか？

一人で頑張って導き、教えていくには限界があると思います。

よく子どもを観察してみれば、彼らは特にスマホやインターネットの世界において、すでに、大人の想像を超えたところにいます。

今や中学や高校の部活の連絡でさえLINEで行われていて、大学のレポート提出は全てメール添付ですし、友人との関係性、先生との関係性、SNS、サークルやゼミ、アルバイトでの関係性も、ずっと変化し続けています。

私も毎日のように、大学生たちに「なんか、古いんだよねーその感覚。40代じゃ仕方ないかー」と言われ続けています。

その一方で、心のこと、親子関係や家族関係の普遍性は変わらないように思います。
昔から「親がしてきたように子どもは育つ」と言われます。
親が導かなければ、教えなければならないと、頑張ることで「あなたは未熟な存在だ。私の言う通りにするのが一番だ。なぜならあなたのことを私ほど考えている人はいないから」と、意識的・無意識的に伝え続けているとしたらどうでしょう？

子どもが「自分は未熟で、誰かの言う通りにするのが一番な存在だ。親が自分よりも自分のことを一生懸命考えてくれているのだから、親の考えで生きていくのがいいのかもしれない」と思っていたとしても、不思議ではありません。

ここまで極端でないにしても、自分の方が人生の経験も多いため、親子関係の力学も影響し、上から目線の言葉を言ってしまいがちです。

それでは、無意識的に子どもの立ち位置を低めてしまい、「自分は十分ではない」というセルフイメージにしてしまうかもしれません。

そう、**子どもには「親を超えていってほしい」、と思いこそが、本当に願うべきこと**だと感じています。

今回この本を書きながら、そのことを大学生の次男の前で呟いたところ、「は？　何言ってるの？　もう、とっくに三人とも超えているだろ！」、言われてしまいました（長男も大学生、三男は中学生）。

言った直後、しまったと思いました。

気持ちとしては「早く社会的に自立していってほしい」という意味だったのですが、誇り高い彼にとっては、すでに現時点で「自分たちが親を超えていない」という言い方が、大変失礼なことだったようです。

確かに、感性や考え、意見、在り方、どれをとっても、同じ年の頃の自分と比べて超えているのは確かです。

これは、我が家のことだけではなくて、きっと今の時代、世の中の子どもたちは全員そうなのだろうと、今回改めて感じたのでした。

「親を超えていってほしい」が本当の願いであり、子育てのゴールだとすると、普段の言葉がけは、(わざとらしいのはダメだし、すぐ見破られますが)「それは素晴らしいね！」「あなたってすごいね！」「それって、本当にユニークだね！」「さすが、そんなの作れるんだねー」「なるほど、納得するよ！」といったような相手を認める言葉になってくると思うのです。

ただ、目の前の子どもにはとてもそんな言葉をかけられない、そんな歯が浮くようなセリフは、とても言えません、という方には、以下のような短い言葉で良いので、使ってみてください。


「そうなんだねー」

「なるほど～」

「うんうん、それで？」

「へー！」

「ありがとう」

そのうち、「すごい！」「さすが！」という言葉も自然に出てくるようになると思います。
ＡＩに仕事を奪われるかもしれないという話を、耳にするようになりました。
現在ある様々な職業が淘汰されていく、という話です。

ＡＩ以前にも、終身雇用の社会はとっくに終わろうとしているし、グローバル化が進み、転職も起業も普通になってきています。

ＡＩに仕事を取って代わられる可能性と、この変化の時代を生き抜くためには、めげない諦めない自分を信じるタフさ、変化をチャンスと捉えられる前向きさと、落ちてもまた上がると信じられる回復力、なんとかなるという楽観性が大切だと思います。

これからのＡＩ時代に、私が一番大切だと今感じているのは「**人とつながる力**」です。

一人では難しくてもできないことを人にお願いし、仲間がいればほぼ全て実現できるからです。そして混沌とした時代だからこそ必要なのは、自分の才能や自分独自の道を見つけてなんとかしていく内側の感覚や直感なのではないかと思います。

こう整理してみると、私たち親世代が育った時とは、全く違う時代に生きていくことになることが明白です。

言われた通りに言われたことをやる以上のことを山ほど求められていますし、これらのことを親が全て教えられるのかと聞かれると、「無理！」と即答する人が多いのではないでしょうか？

つまり、親がなんとかしようと頑張ることをやめて、（もともと、責任を取れるはずもありませんから）さっさと彼らの人生の主導権を、彼らに渡してしまった方が早いと思うわけです。

とはいえ、日々あれこれと親を悩ませることが多いのも確かです。

まずは、そちらを解決するためのヒントを一緒に考えていきたいと思います。

▼「宿題をなかなかやりません」小学二年生男子のママGさん

「なかなか宿題をやりません。学校から帰って来たらやるように約束をしたり、やらなかったらゲームはなし、などいろいろとルールを作っても結局なし崩しになります」というご質問をいただきました。

どこのご家庭でも、あることですよね。

宿題のほか、通信教材も同じようなことになりがちで、お困りの大人はとっても多いと思います。小学校の低学年時代、保護者の集まりに行くと、大抵話題になるテーマの一つです。

実は、ほとんどの子どもは、「宿題をして学校に行きたい」と思っています。

ほとんど、という言い方をしたのは、中には「こんな宿題する必要ない」と思っている子どももいるからです。

まずは、お子さんが、前者の「宿題をして学校に行きたい」タイプか後者の「こんな宿題する必要ない」と思っているタイプかの見極めが必要です。

後者のタイプは自分の意思に自信を持っていて、確信犯で宿題をしていきません。もし、宿題を本当にやっていかないことが多い、やっていかなくても平気、全く気にする様子もない、というタイプは、後者のタイプです。

この後者のタイプに当てはまらない場合は、前者になります。

ご相談者Ｇさんのお子さんの場合は、「なかなかやらない」けれども、最終的には「宿題をする」ので、前者のタイプと言うことでお答えしたいと思います。

前者のタイプは「宿題をして学校に行きたい」と思っているので、最終的には宿題をします。しかし、問題はそのタイミングです。

「宿題をしていきたい」という気持ちはあるけれど、「その宿題」をしたいかどうかは別の問題です。そのため、できれば後回しにしたいというのが正直な気持ちなのです。

Gさんは、これまでいろいろ知恵を絞って、工夫をされてきていると思います。

それでも、お子さんがGさんの思った時間までにやろうとしないということは、その時間までに宿題をやりたくないということです。

ですが、子どもが自分からやろうとするのを待ち、早くやらせようと頑張らない方が実はスムーズにいくことが多いのです。


それは「放任」ではありません。子どもが宿題をすることを信頼して待つ、という姿勢が頑張らない子育てでは大切です。

前者のタイプなら、必ず最後にはやるからです。


とはいうものの、頑張ってきた方にとっては、今から「放任」するようなことを好ましく思えないという方も多いと思います。


そのため、まずは子どもに聞きましょう。

「宿題いつやる?」という質問に対して、おそらくお子さんの返事は、「おやつ食べたら」

とか「これが終わったら」とか「夕飯前になったら」と返ってくるでしょう。それを、そのまま判断せずに聞きます。

「了解～夕飯前ね！」と返答し、夕飯前になったら声をかけます。

「もうすぐ、夕飯だよー。そろそろ宿題の時間じゃない？」と聞いてみましょう。

お子さんからの返答は、「やっぱり、夕飯食べてからやる！」というお決まりの返答で、やっぱり寝る前ギリギリになったとします。

しかし、叱ったりせずに「どうする？　君にとって、いつ宿題するのがいいと思う？」と、本人に考えてもらいましょう。

宿題を早く済ませてしまいたいとは思っているものの、手をつけることに葛藤している状態なので、「その葛藤に早く勝った時の気分の良さ」を体験できると、もう少し早い時間に、自分から宿題ができるようになるかもしれません。

子どもたちは基本的に「良く在《あ》ろう、良く在《あ》りたい」と思っているので、宿題を早めに済ませたい、でも今はやりたくない、というその葛藤に何度も負ける自分を情けなく思ってもいます。

だからこそ、その葛藤に打ち勝った時の、晴れ晴れとした気持ちや、やり遂げた満足感は、彼らにとってとてもインパクトがあり、「気分の良さ」として記憶されます（私は、その時の子どもの表情を見るのが大好きです！）。

そのため、こちらからの声がけとして、その時の「気分の良さ」「満足感」「快感」を思い出させてあげること＝「昨日は、早く宿題やったら、その後すごくゲームを楽しめてたよねー」などと言うのが、頑張らない子育て的ポイントです。

そこはダイエットと同じ（食べる、食べないという葛藤を乗り越えて食べなかったら、体重が減った時の嬉しさと、葛藤に打ち勝った満足感など）と考えると、声をかけるイメージをしやすいかもしれませんね！

同時に、「なぜ、早く宿題を済ませてもらいたい、と思うのか？」を親自身が自分で見つめてみるのも、心穏やかに子どもと付き合う秘訣です。

「宿題は早くするべき」という考えを持っているとして、その考えがどこから来ているのか、よく見ていきましょう。

小さい頃そう言われてきたから、そう考えるのが普通だ、というような考えを持っているから、早く宿題をしないとイライラするということが分かると、その考えに惑わされず、イライラしないで子どもが自ら宿題をやろうとする時まで待つことができます。

また、宿題を今するのか、しないのかという葛藤を、興味深く見られるようになります。そして、その葛藤を興味深くありのまま見ることができると、その葛藤に打ち勝った瞬間「すごいね！　自分で今日は宿題を始められたね！」と心から絶賛することができると思います。

ただ、一度そういう体験をしたからといって、その後もきっと子どもは毎日早く宿題をするわけではないでしょう。

しかし、宿題に早く済ませた＝葛藤に打ち勝った時に、自然に「すごいね！」と心から認められることが増えれば、子どもは、葛藤に打ち勝つ自分に誇りを持つことができます。

結果、思いを尊重されながら、自分の意思で少しずつ幸せに自立していくのです。

周囲を見渡してみると、中高生になった時に「自分で勝手に勉強をやりだした」「進路もどんどん自分で決めていった」というお子さんは、「宿題はするのが当たり前」という家庭の空気よりも、「自分から宿題するなんてすごいね！」と言われるような家庭の空気の中で育っているケースが多いと感じています。

【ポイント！】

子どもはいつも本当は良く在《あ》りたい、と思っている。

▼「習い事が長続きしない」小学校三年男子のママＨさん

「習い事が長続きしません。一年半くらいで飽きてしまうのか、すぐにやめたい、と言い出し、今度はまた別のことをやりたいと言います。親としては、本人の意思を尊重した方がいいのか、あるいは本当はもっと〝楽しい〟と思えるところまで頑張らせた方がいいのか、非常に迷います」というご相談をいただきました。

子どもの傾向として、ここでもタイプが大きく３つに分かれます。

１つ目は、「自分の納得するまでとことん続けるタイプ」です。

これ、となったらコツコツ続けますが、あるところまで達成し目指していた満足感を得ます。しかし、もう違うとなると、急激にやる気が冷め、やめると言い出すタイプです。

比較的一つのことを続けやすいタイプ、ではあります。

２つ目は、「なんとなく〝ノリ〟でやると決めて、先生や環境次第でやめたくなるタイプ」

です。このタイプが一番多いでしょう。

見学や体験に行って「楽しかったからやりたい～」とノリで始めますが、楽しくなくなると、すぐにやめたくなります。ただ、先生や環境次第なので、やめたい理由を聞いてその要素、条件を変えることでまた続けることができる、柔軟性があるとも言えるタイプでもあります。


3つ目は、「いろいろたくさん体験したいタイプ」です。

そもそも長続きはしません。

飽きっぽいというより、「なるほど、こういう感じなのか！」と本人的に納得すると、次のことをやりたくなる、ということを繰り返していくタイプです。


今回ご相談のHさんのお子さんの場合、最後の3つ目のタイプのお子さんのようです。

したがって、Hさんがお子さんに頑張らせようとして無理にエネルギーを使うことよりも、「なるほど、納得したんだね。次は、それなんだね～。今度はどんなワクワクで始めるの？」と、まるで乗り物を乗り換えるかのように親子で気軽に楽しめるように導いた方が、お互いエネルギーの無駄がありません。

もちろん、親子でケンカや葛藤など、バトルをするのも一つの〝アトラクション〟としてはありです。

ただ、習い事の場合、入会金や初期投資にお金はかかりますので、スタートする時は、「入会金無料」のキャンペーンを狙ったり、「レンタル」や「誰かのお下がり」などの利用がおすすめです。

日本人だからなのでしょうか？　私たち親は、なんとなく「一つのことを続けさせる方が良い」「続ける、貫くことに価値がある」という考えを持っている人が多いと思います。

子どもが一つ目タイプの場合は、その価値観と一致するので、揉めることはそんなにないでしょう。

しかし、「やめたい」と言われて、親としていろんな思いが湧き上がるのは、すごくよく分かります。

「自分からやりたい、と言ったのだから、もうちょっと頑張って続けたら?」とか「こんなにお金かかったのに、どうするのよ!」とか、私も、幾度となく子どもとやりとりをしてきた過去があります。

「飽きっぽい」と言われる子どもは、ただいろんな体験がしたい傾向があります。

オーケストラの指揮者や、映画や舞台を創る人をイメージするとわかりますが、指揮者や映画監督のように全体を創り上げていく人は、楽器ごとの様々な音や音色が分かる感性や、空気感、全体のハーモニー、カメラのアングル、流れる音楽、背景、人物、物語、時代の感覚、その他膨大な分野の高度な能力や感性などがないと務まりません。

チェロやピアノを一生かけて極めていく人もいますが、指揮者になるような人は、チェロやピアノをある程度まで理解し、トランペットやフルートをやったことはなくても同じように感覚的に分かっている必要があるわけです。

飽きっぽい子どもが、必ずしも指揮者や映画監督などになると決まっているわけではありませんが、もしかしたら、そんな何かを束ねる人になるための体験の積み重ねをしているのかもしれません。また、すごく視野が広い人になるのかもしれません。将来はどんな人になろうとしているんだろう、と思って子どもと付き合えると、子どもの将来が楽しみになるし、何よりも今をもっと楽しめるはずだと思います。

余談ですが、習い事をやめる時は、親としても少し勇気がいります。

お世話になった先生にご挨拶をしなくちゃいけないし、その理由も失礼のないように考えなくてはいけないですよね。一緒に通っているお友達がいるとしたら、その子やその親御さんにもうまく説明をしなければいけません。正直、相当なストレスがかかります。少なくとも、断るのが苦手な私は毎回そうでした。

そして今、子どもが成長して周囲を見渡してみると、習い事をどうしようかと考えるのは、ほとんどが小学生くらいまでの話だと感じます。

それ以後は、本人がやりたいことでないと長続きしないので、引き止めことも、辞めさせることも、親には全くコントロールできなくなってきます。

中学生くらいのお子さんだと、親も付き添いやお迎えに行くことが滅多にないため、月謝は払っているけど実はほとんど通っていなかった、ということが判明してショックを受けていたお母さんもいました。

特に親が厳しくなくても、親に気を遣って「やめる」と言い出すことができない子どももいるのです。

短期間でやめたとしても、その数年後にやりだしたとか、高校生や大学生でまたやりだした、ということもあります。

辛く苦しかったとしても、充実感や満足感があり、楽しければ言われなくても続けるでしょう。

しかし、やっぱり全然楽しくない、辛いとなったらやめたくなるのが子どもという存在です。

「本当にやめていいんだね？」と言ってきたその時に、きちんと受け止めて、「やめる」「一旦お休みする」ことは、本人の意思がきちんと尊重された、という自己尊重感を育てます。
また、一旦やめたことで、後になって本人の内側から自主的に「やっぱりやりたい」「もう一回やってみよう」などという気持ちが湧いて、自分から再開する体験は、親として純粋に嬉しいものだと思います。

また、「いつでもやり直しができる」「やりたいと思うことはやることができる」と思えるマインドを育てていくことは、柔軟性やレジリエンス（回復力）を育てることにつながるのだと考えています。

【ポイント！】

今やめても、やりたくなったらまたやることもあるから、やめても大丈夫。

▼「たびたび嘘をつく」年長さんの女の子のママーさん

「年長の娘が、たびたび嘘をつくことがあります。その度に、がっかりして、感情が抑えられず、怒ってしまいます。〝嘘はいけない〟〝ママは悲しい〟と、何度も言っていますが、忘れた頃にまた嘘をつくことがあり、繰り返しです。自分の子育てが間違っているように感じ、本当に嫌な気分になります。一体、どうしたらよいのでしょうか？」

子どもはたびたび、嘘をつきます。

大人も多分、たびたび嘘をつきます。

つまり、**「嘘をつく」こと自体に、問題があるのではありません。**

大人が嘘をつくときはどんな時でしょうか？

相手を傷つけないようにとか、場の空気を悪くしないようにとか、相手の怒りを避けようとか……。

子どもの嘘も、ほとんど同じ理由です。

ママやパパの気分を悪くしないようにとか、家の空気や雰囲気を悪くしないようにとか、ママやパパに怒られないようにとかです。
もしかしたら繊細であればあるほど、相手の気持ちや場の空気を察知しやすいので、嘘をつくことが多いように感じられるかもしれません。

こちらを、「自分や場の空気を守るパターン」とします。

あるいは、この嘘を言うとみんな楽しい気分になるとか、みんなを驚かせるのが楽しい・面白いと感じるとか、みんなに〝すごい〟と言ってもらえるから、という場合もあります。
大人でも話を面白くするために、注目を集めるために「つい、話を盛ってしまった」なんてことはあると思います。

このようなことは、人の気持ちを引きつける才能ともリンクするので、むやみに「そんな嘘をつくなんて！」ということで片付けたくはありません。
「なるほど、あなたがみんなを喜ばせてくれる、その気持ちが嬉しいわね。ありがとう！」

と伝えてみる、というのはどうでしょうか？

こちらを「想像力のたまものパターン」とします。

場合によっては、「自分や場の空気を守るパターン」と「想像力のたまものパターン」のミックス、という合わせ技もあり得るとは思います。

「自分や場の空気を守るパターン」の場合、嘘をついてもらいたくない時には、「嘘を言わなくても、そのままのあなたで大丈夫だよ」「感じたことをそのまま言っていいんだよ」というように、本音を話すことに安心感を与えていけば、自然と嘘を言う頻度が減っていきます。

ただし、反抗期や思春期になってくると、「めんどくさいから」という理由で嘘を言う、ごまかす、適当に言う、というようなことはまた増えてきますけれど……。思春期や反抗期を通ってきた大人であれば、気持ちはわかりますよね。

「想像力のたまものパターン」の場合は、現実と想像の境目が曖昧なために「嘘」が普通になっているので、その境目を明確にしてあげる、ということができると思います。

このパターンの場合、想像力の豊かさは才能の一つなので、そこは潰したくありません。例えば「おばあちゃん家に行ったのは確かだけど、そこで、そんなに大きなケーキを食べたっけ？　そうだったらもっと楽しかったのに……と思ったんだね」と、伝えてみることはできるのではないでしょうか？

その一方で、同時に嘘を言われて怒ってしまう、Ｉさんご自身の感情のケアが必要でしょう。もちろん、子どもに嘘を言われて良い気分でいられる親はいないでしょうけれど、「嘘をつかれた」ことにショックを受けて、「怒ってしまう」状況では、Ｉさんご自身が苦しいと思いますので……。

これは良し悪しや、正しいか間違っているかということに関係なく、例えば、「嘘をつくのはよくないことだ」「子どもは私に正直でいるべきだ」という「考え」や「思い込み」を持っていることに、Iさんが反応し、怒りが湧いたと理解してみてください。

もし、その「考え」や「思い込み」がなかったらとしたらいかがでしょうか？


そもそも嘘をつく時には、なんとなく……も含めて必ず理由があります。

その「考え」や「思い込み」を一旦ないものとして、子どもをそのまま見てみてください。

そうすれば、「どうして、そんなこと言ったの？」と、自然に率直に尋ねることができ、子どもが何を訴えていたのか耳を傾ける余裕が生まれると思いますし、「嘘をつく」本当の理由に対応できる親子関係の土台が、しっかりできてくるのだと思います。


私自身も、実は母が怖くて時々嘘をつくことがある子どもでした。

母は嘘が大嫌いな人でしたから、嘘をついたのがバレる度に、あるいは本当のことを言うのを忘れてしまっていた時も、「嘘をついた」「隠し事をしていた」ということで、自分には〝人権なし〟というくらい、ひどく怒られていました。

「怒られるから、というのは理由にならない。嘘をつくのが悪いのだから！」とこっぴどく言われていましたが、本当のことを言えなかったのは、忘れてしまっていただけなのに、という気持ちをもう少し分かろうとしてほしかったなあと思います。
内心、大人も嘘ついているのに、とも思っていました。
また、そのようなことが「嘘をついてしまう自分自身は、良くない人間だ、日陰の存在で何か言う権利もない」という、その後の低いセルフイメージ、自己肯定感の低さにもつながる一つの理由でした。

これは子どものタイプにもよりますが、本当に〝呪い〟みたいに影響を与えるので、子どもの気持ちを心の内側から理解し、対応してあげてほしいなと思います。

【ポイント！】

社会的に当たり前、ということであってもこちらの「考え」や「思い込み」の向こうにある、相手の本当の気持ちをキャッチしにいく。

▼「長女のトゲトゲさにイライラします」小5の女の子のJさん

「長女に対してうまく付き合えない自分がいます。時期もあるせいか、ますますぶっきらぼうで反抗的で、正直可愛いと思えません。とはいえ、このままこの先、親に愛されないで育っていく長女の気持ちを思うと、かわいそうで胸が痛むのも事実です。あれこれ試行錯誤しているものの、どうしたらよいのでしょうか？」というご質問を頂きました。

親にとって、自分の子どもを愛せていないと思うことほど、辛いことはないかもしれません。

私自身も、次男が生まれてから長男を可愛く思えなくなった時期がありました。

また、三男が生まれてからは、三男を全く可愛いと思えず、愛せない自分をどこまでも責めました。

次男に対しては、大きくなってから〝そのまま〟受け入れられず、落ち込むことは多々ありました。

結局三人とも、どこかの時点で、うまく付き合えないと感じる時期がありました。

「母親、失格」「ありえない……母親が子どもを愛せないなんて」「自分は優しくできない、最低の人間なんだ……」「自分には母性というものがないんだ……」などと落ち込み、自分を責めました。

けれども、そう思って苦しんでいることこそ、「子どもを愛している」からに他なりませんし、それだけ愛しているということです。当然、親としての責任もあるのだと思います。

頭では分かっているけれど、苦しく悩ましい。なんとも言えないそのお気持ちはよく分かります。ご一緒に考えていきたいと思います。

「子どもとタイプが違うので仕方ない」「相性が悪い」ということもあるでしょう。

子どものタイプや相性というものを考えると、子どもが複数いれば合わないタイプは一人くらいいますし、一人っ子でその子と相性が合わなければ親としてアウトな気持ちになります。

ここでは、タイプが違う子ども、相性が悪い子どもと、どうつながるか、ということについてお話ししたいと思います。

まずは、ご長女について、ご近所の子、隣の子のように俯瞰で眺めてみます。
つまり、幸せにはなって欲しいけれど、責任を持たなくて良い状態に視点をおいてみます。
そんなお子さんは、どのように見えますか？

例えば、「優しくて挨拶がきちんとできて、礼儀正しいお子さん」「一生懸命何かに頑張ってもいる」「習い事もちゃんと行っているみたいだし、学校にお友達も何人かいて、家にも時々遊びに来ているみたい」「たまにお母さんともめているみたいだけど、それはどこのうちにもあることだしねー、ないのも困っちゃうし。そのくらい主張するくらいでいいんじゃないかしら？？」……などなど。

いかがでしょうか？　ほとんど問題ないように見えるのではないでしょうか？

基本的に、心配はほとんど必要ない、という状況をしっかりと受け取ることが大切です。
「いえいえ、家での中では問題だらけなんです。外に見えるのは、上辺なんです！」という声が聞こえてきそうです。

確かにそれもとても良くわかりますが、まずはお子さんが基本的に「ちゃんとしていて、いいお嬢さん」であることを、受け入れてください。

また、もう一つの側面として、「お子さんにはトゲトゲする自由がある」とも言えます。親にとっては決して気分の良いものではありません。しかし、気分が悪いこと、イライラしていること、文句を言うこと、怒っていることを表す自由はあると思いませんか？

そう思うと、目の前でイライラしているお子さんを見ても、こちらはあまり苛立つ必要がない、という気がしませんか？

その上で、お子さんの「トゲトゲ」の部分を見ていきます。

なぜ、トゲトゲしているのでしょうか？　その理由を推測してあげてみてください。「ストレスがたまっている」「忙しい」「想い通りにならないことが最近多い」「わかってもらえない」「なんかイライラする！」……。

思春期に入りつつあるので、心も体も成長しようとして不安定になっているのは間違いありません。

ストレスを感じている周囲の友達の言動を変えてあげることはできませんし、ストレスの元を全て取り除くこともできないでしょう。

しかし、そのトゲトゲやイライラの下にある「誰にもわかってもらえない！」という悲しみは理解できるし、受け入れることは可能ではないでしょうか？

「自分でもよくわからないイライラ」を、「（誰か）受け入れてくれようとしている、理解しようとしてくれている」というだけで、救われたような気持ちになるし、落ち着くことができます。

つまり、Jさんがトゲトゲの一つ一つは受け入れられなかったとしても、その下にある本人の「わかってもらえない」という悲しみを受け入れる、というだけで全く違う事態になっていくのです。

子ども自身、自分が言っているめちゃくちゃなことを、すべて受け入れろと言っているわけではありませんし、本当には望んでもいません。

適切に叱ってほしいと思っているし、なんでもかんでもOKな親のことは尊敬もできないものなのです。

そのため、「それは言い過ぎじゃない？」「そこは違うと思うよ」と返しつつ、「でも、あなたのどうしようもなく〝わかってもらえない〟悲しみは理解するよ」と、大きく構えて何度も伝えてあげてください。それだけで、お子さんのトゲトゲが少しずつ減っていくと思います。

そしてJさんご自身も、そんなお子さんに対して自然とハグをしたくなる気持ちになったり、つながりが太くなったような感じがしたり、何かご自身の内面も変化が起きてくると思いますが、いかがでしょうか？

【ポイント！】

少しずつ、少しずつ、きっと分かり合える、つながれる未来を意図して向き合っていく。

▼「だらだらしてテスト勉強をしない」中2の男の子のママKさん

「テスト前になっても、なかなか勉強しようとしません。そんなに勉強しろと言いたいわけではありませんが、多少はやった方がいいと思って、言ってもみますが、うざいとか今やろうとしていたところ、とか、時にはスルーされます。だんだんと成績も落ちてきました。このままで受験生になったらどうなるのか不安です」というご質問を頂きました。


その時期の子どもは、本当にその通りです。我が家も全く同じでした。

そして、世の中でも圧倒的に多い、中学生を持つ方からのご相談の代表がこの内容です。

ということは、ほとんどの方のお悩みということでもありますので、「うちの子だけじゃない」と、まずは安心してください。

最初に、彼らがなぜダラダラするのか、想像してみましょう。

ということは、自分がダラダラしたい時はどんな時か、ということでもあります。

「やりたくない」「勉強したくない」「今じゃない」「先延ばししたい」「やる気が起きない」「つまらない」「やっても良い結果にならないかもしれない」「他のことの方が面白い」などなど、

容易に想像がつきます。

自分がダラダラしている時は、全くやる気がないのでしょうか？

ほとんどの場合、そうではなく、心の奥底にはやる気の小さな炎が揺らいでいます。

では、そのやる気の炎が大きくなるのは、どんな時でしょうか？

大抵の人の場合、自分を認めてもらった時、ではないでしょうか？

まずは、「本当は、心の奥で、〝やりたい〟〝やろう〟って思っているんだね」と認めてあげることです。

本人自身が、自分のやる気のなさにうんざりしていることも多く、自分の中にまだそんなやる気があったのだと再認識できるので、やる気の炎は少し大きくなります。

小学校の低学年の場合は、シンプルにそれでやる気が出て、取り組む場合もあるでしょう。

中学生はもう少し複雑なので、もう一歩の声かけが必要です。

子どもにも大人にも、本当の本当は、「良く在《あ》りたい」という根本的な願望があります。

次に、そこからやる気の炎を大きくするのを止めているのは何か、ということを推測してみます。

「助けてほしい」ということかもしれません。

その場合「何か、お母さん（お父さんに）できることある？」と聞いてみます。

「今は何もない」と言われたら、「助けてほしい時は、いつでも声かけてね！」と伝えます。

「めんどくさい」という場合は、少し違います。

「〝やった方がいい〟が、めんどうくさいを上回るのはいつかな〜」と声をかけます。

「現実逃避」の場合は、一緒に現実逃避していることをやってみる、というのもひとつの方法です。ゲーム、パソコン、ユーチューブ、テレビ、ＤＶＤ、漫画、本など、どんなものでも一緒にやってみてください。


子どもという存在を、20年で２０００人以上見続けてきて思うのは、**〝無理やりやる気を上げる〟ということへの疑問です。**


子どもの頃を思い出して、子どもとしての気持ちを感じてみましょう。

特に、才能を見つけたい、開かせたい、高めたい、と思うなら、やる気がないことのやる気を上げようとすればするほど、才能が見つかりにくくなります。

才能は、自然にやっていること、ワクワクすること、楽しんでいること、の中にあるものだからです。

ダラダラしているのは、「充電中」という状態でもあります。

力とエネルギーを貯めているんだな、と面白がって見守ることをお勧めします。

突き放したりコントロールするのではなく、「この学校に見学に行ってみる？」「文化祭、やっているよ！」というようなことを**フラットにさりげなく声をかけられるかどうか**を大切にしましょう。

フラットに言うというのは、本当に難しいのですが……。

もし、フラットに声をかけることに抵抗があるならば、そこに意識を向けてあげると楽になります。

「さっさとやる気になりなさい！（怒）」という感情が湧くとしたら、「いくらなんでももうそろそろ勉強すべきだ」「このままいくとろくな人生にならない」などという考えや不安が意識にあるのではないかと思います。

そして、それがどこから来るのかというと、過去、両親、または誰かからそう言われたことがあるか、自然とそう差し向けられてきた記憶から、「そうすべき」と思っている可能性が高いでしょう。

過去、言われた時に自分が本当はどう感じていたのか、思っていたのかを思い出していくと、その怒りやぶつけたくなる気持ちが少しずつ和らいでいきます。

このように、気づいて、自分自身の感情をケアしていくことで、自分も子どももさらに楽になります。

ワークとして取り組んでみるのも非常にオススメです。

ぜひ、やってみてくださいね！

【ポイント！】

子どもの頃を思い出して、子どもとしての気持ちを感じてみる。

▼「進路がなかなか決められません」高校2年男子の父親Hさん

「高2ですが、なかなか進路をスッキリ決められないようで、迷い続けています。クラスが高2から理系文系に分かれたというのに、やっぱり理系にしておけばよかったかも、と言い出し、好きな科目、得意な科目で選んだ文系の学部でも、どこもピンとこないらしく、優柔不断でズルズルと、月日が経っていきます。他の子たちは、受験勉強に向けて準備し始めている時期なのに、正直、男子なのにこれで良いのか、社会で役に立っていけるのか、比較的自由にやらせてきましたが父親として何か間違っていたのではないかと思うこともあり、地に足がついていない息子を見ると、イラッとくることがあります」

これも、代表的なご相談の一つです。

私自身のブログなどでは、高校生以上には特にアドバイスをやめましょう、と呼びかけをしていますが、高校生になってもズルズル・フワフワな子どもを見ると、ついアドバイスをしたくなってしまう気持ちは、本当によくわかります。

このHさんは、とっても良いお父さんなのだと思います。

今まで、数多くの場面で、温かく、前向きに、適切に見守ってきたと思われますし、パートナーシップにも大きな問題はなさそうです。しっかりしたお仕事もできると思われるHさんと奥様の元、比較的安定している家庭で安心しながら育ってきた息子さんの背景が垣間見えます。

そんな背景を理解した上で、息子さんのことを考えてみましょう。

子育ての過程で、親の思うようにならない時があるのは特別なことではありません。

特に、自立していく時期の直前で、「この時期は、もう自分で決めて自分でその進路に向けてどんどんやる時期に来ているはずなのに」と、親としては少し焦る気持ちが入り混じってくる時期でもあります。

私たちは、高校卒業の18歳くらいから成人する20歳くらいの自立を目指すのが一般的で、息子さんは高2ですから、17歳くらい。まだあと少し時間があると考えましょう。

小さな時を思い出すとはっきりしますが、子どもは、それぞれのペースで成長します。歩くのもおしゃべりも早い子、ゆっくりな子などいろいろでした。

気質がそれぞれ違っているからです。

Hさんの息子さんの場合、気質が比較的ゆっくりのタイプだったのでは、と思われます。

中学、高校と過ごしてきて、勉強や部活なども学校や周囲のペースでやってきたのでつい忘れてしまいがちなのですが、ゆっくりでマイペースなお子さんは、他の同級生たちと同じタイミングできっちり決める、ということ自体が、実は本人たちにとって無理があり、不自然とも言えます。

また、本人の本当にやりたいことは、文系・理系というように一括《ひとくく》りに分けられるものでもないのかもしれません。

これからの時代は、ますます仕事の分野も広がり、垣根も取っ払われていくでしょうから、今までにはない職種や内容で仕事をしていく人になる可能性は十分にあります。

では、親として、何をしたら良いのでしょう。

まずは、お子さんはどんなことに興味があるのか、また面白いと思っているのか、何をすることが楽しいのかなどをヒアリングしながら話を十分に聞くことが大切です。
そしてそれを踏まえて、視点や視野を広く持ち、世の中にあるいろいろな職業や仕事内容について、アンテナを立てておくといいでしょう。

特にこれまでにないような仕事について、新聞、テレビ、インターネット、リアルな人との会話の中で聞いたなどはもちろんのこと、ピンときたことや何かキャッチしたと感じたことも含めて子どもに対して情報としてシェアするということを、楽しんでできると良いのではないでしょうか？

さらに、どんな経歴の人がその仕事をしているのか。そのためにどの学部、学科で学ぶと良いのか、まで落とし込めると理想的ではないかと思います。

ちなみに海外では、文系と理系、数学と哲学といったような、両方の学部の勉強ができる大学がたくさんあります。

このＨさんの息子さんの場合、海外の大学、という選択肢もあるかもしれません。

【ポイント！】

進路を決められないのは、もしかしたら、既存の枠では収まりきらない大物すぎるのかもしれない。

▼頑張っていた分のエネルギーを、自分を満たす、幸せにすることに使う

これまで頑張ってきたあなたは、自分に「本当によく頑張ってきたね。偉かったね。本当にお疲れ様！」とねぎらい、自分をハグをしましょう。

本当によく頑張ってきたことでしょう。

子どもや家族のために、自分を後回しにして、尽くしてきたこれまでの自分を大事に愛してあげてください。

この本の中で、これまでにたくさんのやめることを決めてきました。

今まで、子どもや家族に使っていたエネルギーは、普通にしていると、また元に戻ってしまいます。ですから、そのエネルギーを自分のために使う、自分を愛するために使う、と、いま決めてしまいましょう。

子どもが大学に入ったら、せめて高校に入ったら、中学に入ったらやりたい、と思っていることは何でしょうか？

ゆっくりじっくりお買い物する、とか、お気に入りの小説をお気に入りのカフェでゆっ

くり読む、美味しいものを食べに行く、舞台や落語を見に行く、資格を取るため学びに行く、お昼寝する、働きに行く、アロママッサージを受ける、セミナーやクラスに参加する、ボランティアをする、友人と旅行するなど、全部ここに書き出してみてください。

その中で、今すぐ、今年できること、やってみたいこと、できそうなこと、やってみてもいいこと、はありませんか？

では、それをやっている自分をイメージしてみてください。

友人と旅行に行っている自分、一番行ってみたかったレストランで美味しいものを食べている自分、舞台を観に行き感動している自分、ボランティアや資格を取って生き生き仕事をしている自分、陽だまりの中でお昼寝をして幸せな自分……など。

そこだけは決めておきましょう。

その未来に向けて物事が動き始めるはずです。

どうやって（HOW）ということは考えず、その未来を決めることだけにフォーカスしてみてください。すると、自分の検索エンジンが、無意識にその実現に向けて情報を集め始めるのだそうです。お遊びだと思って、ぜひ楽しんでやってみてください。

そして、実現のために、湧いてきたアイディアや降ってきた直感は書き留めて、できることをしてみてください。想像よりも早く、実現できてしまうかもしれません。

※自分を愛するために、叶えたい未来を実現するためのアイディアを書き留める。

その叶えたい未来をイメージして、ワクワクして過ごすことで、頑張るエネルギーがワクワク明るく楽しいエネルギーに変わっていきます。

家族にもそのエネルギーが伝染していき、子どもも家族も満たされ、幸せな気持ちになり、それがまたあなたに返ってきて、幸せなエネルギーの循環となっていくはずです。

子どもは、親が幸せでいてくれるのが、心からの望みです。

そして親が幸せだと、安心して、自分のことに集中できます。

「今」に感謝して、意識のどこかであなたの叶えたい未来を置いておいてください。

そして実現できることになった時には、しっかりとその未来を受け取ってください。

あなたが頑張るのをやめればやめるほど、楽に幸せになればなるほど、子どもは幸せに自立できていくのです。

第5章

親がゆるむと子どもは育つ。子どもが幸せに自立していく3ヶ月

今日から3ヶ月で、子どもが幸せに自立していく道筋を！

3ヶ月のワークであなたと子どもについて、しっかり見つめていきましょう！

・・・・・・・・・・・・・・・・・・・・・・・・・・・・・・・・・

※2週間　自分自身を観察

まず、最初の2週間のワークは「自分自身を観察する」ことです。
自分がどこで無理をしているのか、頑張りすぎているのか、を把握しましょう。
この2週間は、子どものことではなく、自分のことに集中してみてください。

▼【ワーク1】自分が無理をして頑張っているのはどこ？

朝起きてから夜寝るまでに「自分が無理をしている」「頑張りすぎている」のは、どんなことでしょうか？

自分の心に正直に、全て書きだしてみてください。

（例／朝）

「起床」「朝食作り」「お弁当作り」「子どもを起こす」「食べさせる」「着替え」「ゴミ出し」「学校や園に送り出す」など

（例／昼間）

「洗濯や掃除などの家事」「仕事」「下の子の世話」「昼食」「買い物」など

（例／夕方～夜）

「園へのお迎え」「公園遊び」「おやつ」「帰宅」「宿題」「習い事」「洗濯物やお風呂の準備」「夕食準備」「話を聞く」「洗濯物」「テレビやゲーム」「お風呂」「歯磨き」「寝かしつけ」など

（例／その他）

「ママ友付き合い」「パートナーシップ」「実家や義理の実家との付き合い」「その他の人

間関係」「PTAやクラブなどの子ども関係の仕事」「SNS」など。

▼【ワーク2】なぜ無理をしているのか？ 理由を考えてみる

なぜ、無理をしているのでしょうか？ その理由を、ここで考えてみましょう。

（例）「子どもの健康に良くない」「生活リズムが崩れる」「他にやる人がいない」「頼めない」「当番だから」「嫌だと言ったら嫌われる」「やらないともっと面倒くさいことになる」「家族が困る」「子どもがダメになる」「子どもが落ちこぼれる」「嫌われたくない」「子どもが園や学校で困らないように」「子どもがかわいそう」「付き合いがあるから」「居心地悪くしたくない」「ダメな親、ダメな人と思われたくない」「夫に言えない」「がっかりされる」など。

▼【ワーク3】それは本当に無理をしなければいけないこと？

それは本当にどうしてもやらなくてはいけないことなのかを、考えてみてください。

（例）「お願いできる誰かを探す」「別の仕事と交代する」「回数を減らす」「自分でやってもらう」「買ってくる」「家電製品にやってもらう」「８割でＯＫにしてもらう」などなど。

代替手段を見つけることはできませんか？

▼【ワーク４】無理していることをやめてみる

思い切ってやめてみる、というチャレンジも時にはありかもしれません。

言いたいことを我慢したり、やらなきゃいけないと我慢し続けていると、病気になってしまうこともあります。

無理していることをやめる、と想像したらどんな気分でしょうか？

できるだけやめられそうなことを数多く想像してみてください。

▼【ワーク5】自然体ならどうなる？

神様に「嫌なことは何もしなくていいよ！」と言われたら、毎日何をしますか？
あなたは、何をして、何をしないのでしょうか？
理想の生活を描いてみてください。

……………………………………………………

※4週間　子どもを観察

3〜4週間目は、子どもを観察します。
子どもの言っていることにアドバイスやお説教などはしないで、ただひたすら2週間、観察します。

相づちや普通の会話は構いません。
お子さんがお二人以上の方は、なるべくお一人につき2週間かけて観察してみてください。

面白がって観察するのがポイントです。

▼【ワーク６】子どもはどんな時に不安や心配、ストレスを感じている？

どんな時に不安や心配、ストレスを感じていますか？

よく観察してみてください。

（例／日常）

「朝起きた時」「園や学校へ行く前」「特定の教科がある時」「帰宅した時」「塾や習い事に行く時」「寝る前」など。

（例／その他）

「月曜日の朝」「テスト前」「テスト後」「三者面談前」「長期休み明け」「ゲームをやりすぎた時」「ＳＮＳを終えた後」「友達とのトラブル」「特定の友達や先輩や先生と

接触する時」「クラスの話が出た時」「部活の話をする時」「進路の話が出た時」「テレビのニュースや新聞を見た時」など。

▼【ワーク7】子どもはどんな時にイライラや怒りを感じている？

どんな時に、イライラや怒りを感じていますか？

（例）「朝起きる時」「お腹が空いた時」「眠い時」「疲れている時」「思い通りにならなかった時」「家族以外の誰かに何かを言われた時」「兄弟姉妹との喧嘩」「親に何か言われた時」など。

何かを言われた時という場合は、どんなことを言われた時なのか、よく観察してみてください。「馬鹿にされたり否定された時」「理解してもらえなかった、誤解された時」「決めつけられた時」「文句をつけられた時」など。

▼【ワーク8】そのイライラや怒り、不安や心配、ストレスに寄り添ってみる

そのイライラや怒りに寄り添えそうでしょうか？　あるいは、不安や心配、ストレスに寄り添えそうでしょうか？

「それは嫌だったね！」「それで腹がたったんだね！」「それは悲しかったね……」「それは不安だよね……」「それは苦しいよね……」など、子どものそのままの感情の言葉を使って、寄り添ってみてください。

難しい場合は、寄り添う気持ちで、「うん、うん」と聞くだけでもOKです。アドバイスや説教、怒りそうになる場合は、無理せず、観察する方に集中してください。

▼【ワーク9】子どもが楽しそう、その子らしいと感じるのは、どんな時？

最近（ここ1年くらいでも構いません）、子どもが楽しそうにしている時、あるいはその子らしい良い表情をしているな、と感じた時はどんな時ですか？

また、何をしていた時だったでしょうか?

その子らしい、というのは「何かに集中していたとか」「夢中になっていた」「真剣に取り組んでいた」「目を輝かせて何かをしていた」など、『楽しんでいる』とはまた違ったその子らしさを表現していた時、という意味です。

(例)「思いっきり走り回っている時」「絵本や本を読んでいる時」「絵を描いている時」
「何かを作っている時」「何かを作り上げた時」「虫や生き物を追っかけている時」
「鬼ごっこをしている時」「空を見上げている時」「海や川で遊んでいた時」
「友達と何かをして遊んでいる時」「焚き火をしていた時」「スポーツをしている時」
「お料理やおやつを作っている時」「部活に打ち込んでいる時」「何かをやりとげた時」
「旅行やキャンプから帰ってきた時」「歌を歌ったり、何かの役を演じている時」
「好きな勉強をしている時」「何かを発見した時」「何かを手に入れた時」
「良い評価や良い結果をもらった時」「テレビや映画を見て感動している時」
「相手チームに勝った時」「負けて悔しがっている時」「ふざけて笑わせている時」

「モノマネをしている時」「踊っている時」「いたずらを思いついた時」
「いたずらを仕掛けている時」「ゲームをしている時」「ゲームに勝った時」
「誰かと心を通じあわせた時」「彼や彼女ができた時」「デートに行く時」
「おしゃれをしている時」など。

他にもぜひ！

▼【ワーク10】子どもの良さはどんなところ？

さて、自分と子どもへの見方が少しほぐれてきたところで、改めて、子どもの良さを見つけていきます。

子どもの良さはどこですか？

小さな頃から……赤ちゃんの頃からで構いません。

楽しんで、できる限り挙げてみてください。

（例）「かわいい」「かっこいい」「美しい」「お茶目」「人を笑わせる」「笑顔がかわいい」

「優しい」「賢い」「クール」「バカっぽくていい」「おしゃれ」「ユニーク」「面白い」

「癒し系」「ホッとする」「大物」「一生懸命」「表情豊か」「人のことをよく見ている」

「人の気持ちを考えられる」「生真面目」「親切」「楽しそう」「友達が多い」「慎重」

「アートの才能がある」「絵が上手」「歌がうまい」「エンターテイナー」

「木登りがうまい」「足が速い」「サッカーが上手」「ピアノが上手」

「音楽のセンスがある」「運動神経が良い」「天才！」「創造力がある」「想像豊か」

「言葉が的確」「詩が上手」「声がいい」「誰とでも友達になれる」

「人に寄り添うのが上手」「楽しいことを考えつく」「おやつ作りが上手」

「お料理好き」「お掃除好き」「片付けがうまい」「いつもきれいにしている」「モテる」

「異性のハートをつかむ」「デキる！」「天然」「そのまま」「穏やか」「のんびり」

「サクサク素早い」「行動が早い」「段取り上手」「計画立てるのがうまい」

「アイディア豊富」「礼儀正しい」「ありのまま」「運がいい」「上品」「おちゃらける」

「笑いを取るのがうまい」「スピーチが上手」「繊細」「頼もしい」「パワフル」

「爽やか」「清潔感がある」「自然体」「食欲旺盛」「男気がある」「女子力高い」

「働き者」「フットワーク軽い」「誰とでもつながれる」「いつも自分らしくいる」

「人に可愛がられる」「年下から慕われる」「人から愛される」「人から応援される」など。

※6週間　自分がどんな時にイラッとしたり、口を出したくなるか観察

ここから2週間は、自分と子どもの関係を観察していきます。

この2週間は、口を出さない＝アドバイスもお説教もしない、と決めてください。

難しい方もいるかもしれませんが、ここは、ぐっとこらえてかなり頑張ってください。

ひたすら自分を観察してください。

もちろん子ども自身や周囲の命が危険な時は止めてください。

▼【ワーク11】子どもがどんな状態や状況の時にイラッとしたり不安になる？

子どもとの関係性において、日常で苛立つ時、不安になる時をそれぞれ観察し、書き出していきます。

（例／苛立つ時）

「子どもが怒っている時」「感情を爆発させている時」「失敗した時」「おどおどした時」「下の子に意地悪した時」「赤ちゃん返りした時」「朝起きられない時」「人に挨拶をしない時」「謝らない時」「威張っている時」「シクシク泣いている時」「時間がないのに急がない時」「勝手なことをする時」「成績が悪かった時」「習い事をずる休みした時」「園や学校に行かないと言い出した時」「友達のことを悪く言った時」「自分に〝嫌い！〟といってきた時」「ルールを守らない時」「人を馬鹿にした時」「人に手を出した時」「親に手を出してきた時」

「反抗的な時」「暴言を吐いた時」「暴力を振るった時」

「ぼんやりしている時」「嘘をついた時」「甘えてくる時」

「欲しいものばかり言ってくる時」「言うことを聞かない時」

「忘れ物が多い時」「提出物を忘れていた時」

「やるべきことをやらない時」「やる気がない時」「ダラダラしている時」

「スマホばかりやっている時」「宿題をさっさとやらない時」

「子どもが散らかした時」「ゲームばかりやっている時」

「テレビやビデオばかり見ている時」「言い訳ばかりする時」

「正直でない時」「約束を破られた時」「外見ばかり気にしている時」

「遊んでばかりの時」「人と比べた時」「だらしない時」

「自分でやりたいと言った習い事を辞めたいと言ってきた時」

「人に迷惑をかけた時」「手伝わない時」「なかなか寝ない時」「ケチな時」

「からんでくる時」「にらんできた時」など。


他にもあると思うので、どんどん書き出してみてください。

言語化すると、楽になりますよ！

（例／不安な時）

「失敗した時」「キレやすい時」「成績が悪かった時」

「クラスで意地悪されたと言われた時」「学校が嫌だと言われた時」

「平気で嘘をついている時」「片付けができない時」「だらしない時」

「下の子をいじめた時」「部活を休んでばかりの時」「ぼんやりしている時」

「暗い時」「ネガティブなことばかり言う時」「浮ついている時」

「人に厳しい時」「何も話してくれない時」「口ばかりの時」

「落ち込んでいる姿を見た時」「塾や習い事を勝手に休んでいた時」

「金銭感覚が荒い時」「当たり散らしている時」「甘えてくる時」

「人と比べた時」「自分を攻撃してきた時」「死にたいと言ってきた時」

「遊んでばかりいる時」「危ないことをしようとしている時」

「自転車を道路で乗り回している時」「受験生なのに成績が上がらない時」

「受験生なのにやる気がない時」「自分で決められない姿を見た時」

「テスト前なのにのんびり過ごしている時」「気が弱い姿を見た時」「傲慢な時」「人に感謝がない時」「悪口を言っている時」など。


ここも、どんどん書き出してみてください。

言語化すると客観的に見られるようになるので、心が落ち着きます。

▼【ワーク12】子どもがそんな時、どう言いたくなる？

子どもを見てイラっとしたり、不安になった状況の時、どう言いたくなりますか？

どう言ってきましたか？

良い悪い、ではなく、ただここに並べて眺めることに意義があります。


（例）「危ないからダメ！」「泣かない！」「いい加減にしろ！」

「嘘つくとおまわりさん来るよ！」「受験大丈夫？」「やめて！」「落ち着いて！」

「後で痛い思いするよ！」「将来お嫁さんに逃げられちゃうよ！」「彼女できないよ！」

「ふざけんな！　お前！」「しっかりして！」「将来困るよ！」

「言うこと聞けないんなら、遊びに行けない！」

「できなかったら今日のおやつなし！」「やることやらないとゲームないよ！」

「勝手にしなさい！」「人のことそんな風に言うと、自分に返ってくるよ！」

「約束守れない人は信用できません！」「親を馬鹿にするんじゃない！」

「いちいち落ち込んでないで、やることやったら？」「元気出して！」

「人に迷惑かけない！」「テレビ消すから！」「やる気がないならやめたら？」

「学校は行くもの、宿題はやるものなの！」「そんなんだと人に嫌われるよ！」など。


できる限り書き出してみてください。

眺めてみて、どんな感情がわくでしょうか？　感じてみましょう。

▼【ワーク13】それは何を心配しているから？

イラっとしたり不安になるのは、何かを恐れているからでしょう。

どうなることを恐れて、心配しているのでしょうか？

他の家庭のお子さんに対して不安になることは、ほとんどないはずです。

真剣に関わっているからこそ、イラっとしたり不安になるものです。

（例）「人に嫌われてしまうんじゃないか？」「いじめられてしまうんじゃないか？」

「受験で落ちて、行く学校がないのではないか？」「死んでしまうのではないか？」

「病気になってしまうかも？」「人生が転落するのではないか？」

「犯罪者になってしまうのではないか？」

「将来仕事に就けなくなるんじゃないか？」「誰も結婚してくれないんじゃないか？」

「お金がなくなってしまうかもしれない」「誰にも可愛がられなかったらどうしよう？」

など。

他にもどんどん書き出してみてください。

▼【ワーク14】その心配や不安はいつから、どの時点からありますか？
また、それはどこから来ているのでしょうか？


（例）「自分の親がいつも言っていた」「ネットやテレビでやっていた」

「人からそんな話を聞いた」など。

▼【ワーク15】その心配や不安の下には、どんな思い込みがありますか？

（例）「頑張らないとダメになる」「はっきり言ったら嫌われる」

「どこも雇ってくれないにちがいない」「キレやすい人は犯罪者になる」

「～な人は病気になる。～な人はお金を稼げない」

「こういうタイプは誰からも愛されない」など。

▼【ワーク16】それは、あなたのお子さんにとって本当のことでしょうか？

世の中では、そう言われていたとして、それが、本当に、絶対的に、お子さんにも当てはまると思いますか？

▼【ワーク17】その不安や心配が実現する確率は、現時点で何％くらいありますか？

客観的に考えてみてください。
パートナーや友人、誰か他の方に聞いてみてもいいと思います。

▼【ワーク18】あなたが不安や心配を抱えたままでは、お子さんはどうなっていくことになるでしょうか？

もし、ぞぞっと嫌な予感がするようであれば、その思い込みを手放していきましょう。

・紙に書いて、ビリビリに破ってビニール袋に入れて捨てる。
あるいは安全な場所で、ビリビリに破った紙を燃やします。

・軽く目を閉じ、ゆっくりとした呼吸を繰り返します。
フレッシュな空気を吸い込み、吐き出す息とともにその思い込みが体から出ていくことをイメージします。

▼【ワーク19】不安や心配がないとしたら、本当は、どう言えばいいと思いますか？

静かな気持ちであなたの心に耳を傾け、子どもの心に届く言葉を書いてみてください。

自分の中にある不安や心配と向き合いながらも、いったん脇に置くことで頑張らなくても、子どもの「そのまま」を肯定する言葉や、自分がやってほしいことを純粋に、素直な気持ちのまま、言いやすくなります。

これは、子どもに限らず、パートナーや他の人間関係にも同じように使えます。


（例）「それを今、どうしてもやりたいんだね」「やりたくないんだね」

「言いたくなっちゃったんだね」「まだ寝たくないんだね」

「これ、やって欲しいんだけどな」「助けてくれる？」「話したいんだね」

「こっちを見てほしいんだね」「やって欲しかったんだね」など。

※8週間　日常で自分がどんな思い込みやマイルールを持っているか観察

これまでワークに取り組んできて、自分がいつの間にかもっている無意識の「思い込み」が、日常に影響を与えていることが分かってきました。

ここから2週間は、日常の中の「自分の考え」を観察していきます。

「自分の考え」に気づく手がかりは、自分の心の動き＝感情です。

感情が揺れ動いた時、特に不快な感情、ネガティブな感情（イライラ、苛立ち、怒り、嫉妬、がっかり、絶望、悲しみ、嫌悪感など）が湧きあがった時がチャンス。

そこにどんな「自分の考え」＝思い込みやマイルールがあるのか、見つけていきましょう。

▼【ワーク20】どんなことを言われたり、されたりするとイラっとしたり、怒りが湧いたり、がっかりしたり、不安になったり、悲しくなる？

（例）「馬鹿にされた」「上から目線で言われた」「気にしていることを言われた」「何度言ってもやってくれない」「否定された」「頑張ってきたことを認めてくれなかった」「無視された」「ずっとゴロゴロしている、遊んでばかりいる」「こちらの気持ちを考えてくれなかった」「家のルールを守らない」「時間やお金にルーズ」「自分も人もお金を使いすぎる時」「自分ができてないと感じた時」「風邪や病気になるかもしれないと感じた時」など。

▼【ワーク21】それはどんな「自分の考え」「マイルール」「思い込み」に反している？

その「自分の考え」や「マイルール」「思い込み」が、良い悪いということではなく、「世間一般的」「常識の範囲」「普通」であっても書いてみてください。

（例）「親の言うことは聞くべき」「親は尊敬されるべき」「本当のことを言うべきでない」「人の話は聞くべき」「人を否定するべきでない」「頑張った人は認めるべき」「無視するのは悪いことだ」「ゴロゴロすべきではない」「遊んでばかりいるのはダメ」「人の気持ちを考えるべき」「ルールは守るべき」「時間やお金はきちんと管理するべき」「無駄遣いしてはいけない」「ちゃんとやらないといけない」「家族を風邪や病気にしてはいけない」「健康管理は私の仕事だ」など。

▼【ワーク22】自分のマイルールや思い込みをすべて書き出し、眺めて見て何を感じますか？

素直に、感じたことを、書いてみてください。
その中で「やめたいな」「変えたいな」と思うものはありましたか？
やめたいと思うものは、ぜひ手放しましょう。

変えたいものは、良いと思う形に変えてみましょう。

・・・・・・・・・・・・・・・・・・・・・・・・・・・・・・・・・・・・・

※10週間　子どもの心の声をキャッチする

ここから2週間は、いよいよ、子どもの心の声をキャッチしていきます。

少しずつできそうなところから、やっていきましょう。

心の声をキャッチできることが目的ではなく、心の声をキャッチしようとする姿勢が、大切です。

段階を追って、気楽な気持ちで楽しんでやってみてください。

▼【ワーク23】子どもが怒ったり、悲しんだりするのはどんな時？

子どもが怒る時、悲しむ時は、どんな時でしょうか？小さな頃から含めて書き出してみてください。パターンや傾向はありますか？

（例）「眠い時」「お腹が空いている時」「思いとおりにならない時」

「馬鹿にされたと感じた時」「急かされた時」「理不尽な時」「疲れている時」

「友達に何か言われた時」など。

▼【ワーク24】子どもが不安になっているのはどんな時？

子どもが不安になっている時は、どんな時でしょうか？

何かパターンはありますか？

口を出さないで、観察してください。


（例）「テスト前」「学校へ行く前」「嫌いな給食の日の登校前」「始業式」

「初めての場所に行く時」「お泊まり保育の前」「修学旅行の前」

「運動会や体育祭の前」「学芸会の前」「発表の前」「受験」「進級や進学」「試合の前」

「怖い乗り物やアトラクションに乗る」「人が多い所」など。

（例／パターン）「試される時」「苦手な人がいる」「苦手な科目がある」「初めての場所」「苦手な食べ物が出る」「人前に出る」「やりたくないことをしなくてはいけない」など。

▼【ワーク25】子どもがストレスを感じているのはどんなこと？

子どもがストレスに感じていることがありますか？

苛立ちやプレッシャー、不安などが入り混じっているかもしれません。

それはどんなことでしょうか？

（例）「学校へ行くこと」「クラスにいること」「特定の友達」「不特定の友達」「悪口やいじめらしきこと」「苦手な先生の存在」「苦手な教科や科目」「部活」「クラブ」「委員会」「習い事」「塾」「テスト」「受験」「進級や進学」「友達との遊び」など。

そのストレスは、子どもにダメージを与えるだけの体験でしょうか？

それとも、子ども自身が体験する必要がある、と思いますか？

子ども自身が決めたものでしょうか？

子ども自身の意思やスペース（ゆとり）がちゃんと尊重されているかどうか、がポイントです。

それがない場合は、学校や先生に伝える必要があると思っています。

また、子ども自身の不安やストレスを、親がなんとか減らさなくてはいけないと思う必要はないと実は思います。


例えば、「テスト前」「ジェットコースターに乗る前」「発表会前の不安」「緊張感」「プレッシャー」など、人生には不安やストレスが付き物であり、その不安や緊張感、ストレスに寄り添い、そして共感し、どう向き合っていくか、どう乗り越えていくかということについて、できれば一緒に見つけられたらいいと思います。

「そうだよね、不安になるよね。お母さんも（お父さんも）ドキドキしてきたよ。苦しいよね」などと寄り添って、一緒にそんな感情を共有して言葉にすることで、子どもの不安も和らぎます。

結婚の誓いにもある〝幸せな時は2倍の幸せに、苦しい時悲しい時その苦しみ悲しみは半分に〟というようなことに似ていますね。

〈感情との向き合い方〉

初めてジェットコースターに乗るときに例えると、分かり易いかもしれません。

子どもが初めてジェットコースターに乗るとき、不安でドキドキします。

今乗ろうか次にしようか迷っているようなとき「怖いよね、震えちゃうね、どうする？今日はやめる？　でも、ワクワクもしてきたね、でも怖いね、どうしようか？　行ってみる？ドキドキするけど、ワクワクもするね！　わ〜怖い。どうしよう！」などと、二人で一緒にその感情を共有し、盛り上がりながらジェットコースターに乗り、終わった後の楽しさと、無に乗り終えた安堵感、あるいは2度と乗らないと泣き出してしまうかもしれませんが、そんな感情も一緒に寄り添い味わう、というようなイメージです。

毎回毎回は、難しいかもしれません。

「テスト前なんて、誰でも不安なんだから！」「そんなことうだうだ言ってないで、やることやったら？」などと、つい子どもに言ってしまいがちなのですが、全部受け止めようと頑張らなくていいので、「不安はあるよね」「失敗したらどうしよう、って思うよね」「じゃあ、どうしよう？　何かできることある？　今から何する？　何ができる？」などと、横に座って同じ目線でただ寄り添い、一緒にテストや発表会などの未来を見て話せばいいのです。

相手の感情を共有すると、関係性の力学として相手の気持ちが軽くなり、不思議と自分の中から「こうしてみよう」「あれをやってみる」と答えを見つけ、そこから自分で脱出しやすくなります。

反対に不安やストレスを「そんなこと口に出さないで！」と抑え込もうとしたり、と、「誰でも同じだから！」と、突き放してないものとすると、また一人で抱え込むことになり、ますます内面の不安やストレスが増大します。

このように、不安やストレスがあるときの感情との向き合い方、乗り越え方を伝えることができます。
ぜひ、やってみてください！

▼【ワーク26】子どもが安心している時、嬉しい時、楽しい時はどんな時？

ずっとネガティブなことばかり見てきましたが、今回は良い面を見ます。
子どもが本当に嬉しそうにしている時、楽しそうにしている時はどんな時でしょうか？
振り返ってみてください。小さな時のことも、思い出せる限り書き出してみましょう。

（例）「抱っこされた時」「一緒に遊んであげた時」「お昼寝している時」
「大好きなおやつや大好物を食べている時」「ママやパパと手をつないでいる時」
「家族でごはんを一緒に食べている時」「自由にのびのび遊んでいる時」
「遊園地に行った時」「鬼ごっこしていた時」「走っている時」「何かを作り上げた時」

「何かができるようになった時」「絵本を読んでもらっている時」

「泥んこ遊びをした時」「家族みんなでゲームをした時」「友達が遊びに来てくれた時」

「園や学校の行事にパパやママが来てくれた時」

「幼稚園や保育園にお迎えに行った時」「宿題が終わった時」

「テストの点が良かった時」「好きな本を読んでいる時」「好きなことをしている時」

など。


「好きな本」や「好きなこと」は、『具体的にどんな本？』などというところまで書き出してみるといいですね。

共通点や、才能が見えてくるかもしれません。

▼【ワーク27】子どもの心の声に耳を傾けてみる

ここまでようやくたどり着きました！

10週間近く取り組んできてみて、「うちの子、結構いけるんじゃない？」「意外といい子かも」「そうだよね、本来のあの子は素敵だったー」などと、感じられているのではないかなと思います。

子ども本来、そのまま、ありのままの子どもを見られる。そんな状態に近づいているのではないでしょうか？

今回のワークでは、できるだけフラットな気持ちで子どもの心の声に耳を傾けてみましょう。

子どもが目の前にいる時より、自分一人でいる時、静かな気持ちになれる時の方が、子どもの心の声をキャッチしやすいかもしれません。

まず、リラックスして椅子に座ってください。

そして、肩の力を抜いて、軽く目を閉じて、ゆっくりとした呼吸をしていきます。

落ち着いたなあと思ったら、椅子から2、3メートル先のところにお子さんをイメージします。

イメージしたお子さんは、どんな表情でしょうか？

ニコニコしている？　それとも、無表情な感じ、あるいはちょっとムッとしている感じ？　お子さんを見ていると、何かを伝えようとしているのが分かります。

何を伝えようとしていますか？　よく口の動きを見て、何を言おうとしているのかを感じてみてください。そのうち、声が聞こえてくるかもしれません。

ポイントは何を伝えようとしているかに意識を合わせること。何となくでも構いません。「こんな感じかな？」というささやかな感覚をつかんでみてください。

たまに、「私に怒っているにちがいない」とおっしゃる方がいますが、子どもはママやパパに怒りたいというより、何かを伝えたいと思っています。

ぜひ、その奥にある伝えたいことに耳を傾けてみてください。意外なことを伝えてくれるかもしれません。

「何を伝えてくれようとしているのだろう？」とワクワクしながらやってみてください。

そして、聞いてみて、いかがだったでしょうか？

子どもの心が近く感じられるようになったのではないかと思います。

今後は度々、その感覚を大事にして、子どもと向き合ってみてください。関係性が変わってくると思います。


……………………………………

※12週間　そのままの子どもを受け入れると、子どもは幸せに自立していく

さて、ここまで取り組んできてみて、いかがでしょうか?

ご自分の気持ちやお子さんの態度、どちらかに少しずつ変化があるのではないでしょうか?

あともう少し、丁寧に見てみましょう。

▼【ワーク28】自分が頑張ると、子どもを頑張らせたくなる

頑張ることは良いことだと、ずっと学校でも家庭でも会社でも、どこでも教えられてき

ました。

もちろん、それが悪いということではなく、スポーツなどを夢中で頑張っている姿は見ていて気持ちの良いものだし、感動を生みます。

けれども、「頑張る」が本人の本当の意思ではなく、「無理をしている」状況だとすると、苦しいしストレスになります。

ただ、いわゆる「ゾーンに入る」とか、「フロー」と呼ばれるものは、ストレスにはなっていません。

しかし、よくあるパターンなのですが、過去の自分が頑張ったこと、無理に頑張らされたことが多い人は、頑張っていない子どもや人を見ると、イラッとしてつい無意識的に「頑張って！」と言ってしまいがちです。

「子どもに頑張ってほしい」「子どもが頑張っていないと落ち着かない」となんとなく思っ

ている方は、過去にたくさん「頑張って」こられた人だと思います。

今の自分はそれほど頑張っていないけれど、子どもには頑張ってほしいと思っている場合、過去に「頑張るべき」「頑張らなかったら大変なことになるよ！」「頑張らないあなたは価値がない」と、恐怖から無理に頑張らされた体験があるのかもしれません。もしかしたら、本当は頑張りたくなかったかもしれませんね。

自発的に夢中になっていた時ではなく、無理に「頑張らされていた時の自分」の気持ちを思い出してみてください。

本当はどうしたかったのでしょうか？　どうされたかったのでしょうか？

特にそこにネガティブな感情がある場合は、少しじっくり感じられる時間をとってみてください。

実際にやってみると、おそらく「頑張らせなくても良かったのに」とか「なんとかなったと思う」「応援してくれるだけで良かったのに」あるいは「コントロールされなかったら、別の道に進んだのに」などのような思いが、浮かんできたのではないかと思います。

実はあなたの子どもも同じなのです。

きっとなんとかなるし、応援していれば大丈夫です。

自分の道も、きちんとどこかでわかっています。

【ポイント！】

無理に頑張らされた過去の痛みや思い込みに気がつくと、子どもを無理に頑張らせる必要がないことがわかるので、親も子もストレスが減って幸せになる。

▼【ワーク29】頑張らないそのままの自分を受け入れると、子どもをそのままで受け入れられるようになる

この本で一貫したテーマは「頑張らない」ということです。

今まで頑張ってこられているからこそ、「頑張っていない自分」＝「手を抜く自分」「楽をする自分」を受け入れることが難しかったのではないかと思います。

けれども、そんな自分、またそれ以外にも許せていない自分にＯＫを出せば出すほど、そのままの子どものことを受け入れることができる幅が広がります。

受け入れられない自分はどんな自分でしょうか？　まずは、ここでは言葉にして書いてみましょう。

（例）「つい子どもに怒ってしまう自分」「怠けてしまう自分」「だらしない自分」
「楽をしている自分」「ちゃんとできてない自分」「家事が十分できない自分」
「優しくない自分」「自分に甘い自分」「人を批判し責める自分」など。

その自分は、そんなに悪い自分なのでしょうか？

つい「怒ってしまう自分」「優しくない自分」は、自分自身もゆとりがなくて精一杯な状況だからではありませんか？

そしてそんな自分はダメ、とダメ出しされ、傷ついている自分自身でもあります。

もともと、私たちは小さな頃から、学校でも家でも「怒ってはいけません」「人には優しくしなさい」と、散々言われてきています。

そのため、いつの間にかそれを守れない自分はダメだと罰し続けています。

確かに怒りをぶつけることは良くはないし、優しくできないことより、優しくできる方が良いでしょう。

当たり前のことですが、心にも体にも余裕がなくなれば優しくできないものですし、こうした怒りや悲しみ、その他の感情を本当はどう扱えば良かったのかを教えてもらえなかったのも事実です。

だからこそ、今からそんな「怒ってしまう自分」「優しくできない自分」ほか、ダメ出しをしている自分を、まずは受け入れてあげることを意識してみてください。

（1）ダメ出ししている自分、許せない自分をすべて書き出してみる。
（2）軽く目をつぶり、イメージの中で、その自分一人一人に声をかける。
「今まで頑張りすぎていたもんね！」「よくやっているよ！」「そりゃ大変だったよね」「一人で頑張ってきたんだものね」「よく頑張ってきたよ！」「すごいよ！」「えらかったねー」など。
これまでの頑張りをいたわる言葉を思いつく限り言ってあげてください。
（3）一通り言い終わったら、イメージの中でその一人ずつをハグします。
実際に、手を動かして自分自身を抱きしめるように、ハグをしてあげてましょう。
（4）落ち着くまで、一人一人をハグします。

【ポイント！】

ダメ出ししている自分、許せない自分を抱きしめてあげると、自分にも子どもにも優しく、「そのまま」を受け入れることができるようになる。

▼【ワーク30】幸せに自立している子どもの未来の姿をイメージする

さて、ここまでご自分と向き合ってきました。

ここまで頑張ってきたからここからの前向きなワークをすることで、日常に変化が表れやすくなってきます。

では、幸せに自立している子どもの未来の姿をイメージしていきましょう。

リラックスして椅子に座り、軽く目を閉じてゆっくりとした呼吸をしていきます。

目を閉じたまま、３メートルくらい先に未来のお子さんが幸せそうに座っている、とイメージしてみます。

何でもやってあげなくてはいけなかったあの小さな子は、未来ではすっかり自分の足で立って、人ともつながりながら、自分らしく自分の才能を活かして活躍しているようです。

その姿は、本当に心から頼もしく感じます。

むしろ、余裕を持った眼差しで、こちらをニコニコしながら見ています。

どうぞ、その姿をしっかり受け取ってください。

イメージの中で、「立派に、素敵に育ってくれてありがとう！　あなたのことを心から誇りに思う」と、お子さんに伝えてみてください。

お子さんからも、「あなたのおかげです。ここまで信頼して見守りながら育ててくれて、そしていつも応援してくれて、本当にありがとう！　心から感謝しています」と、イメージの中で握手またはハグをし、これまでのすべての不安や心配が流れ去っていくことを心で感じてみてください。

あなたはが安心して離れると、お子さんも手を振って自分の場所へと戻っていきます。

小さくなるまで見送ったら、意識を「今ここ」に戻します。

大きく深呼吸をして、ゆっくり３つ数えて、自分のペースで目を開けてください。

未来のお子さんはどんな姿でしたか？

感じたこと、見えたことを、書き留めてみてください。

子育てで不安になった時、未来が気になってしまう時、ワーク11を見返しつつ、ぜひ、この誘導瞑想を何度もやってみてください。

この未来の素敵なお子さんをイメージできればできるほど、そちらの未来に近づいていきますよ！

▼【ワーク31】助けはくる、と信頼して、直感を使う

ワーク30で、素敵に活躍しているお子さんをイメージしました。

きっと未来は大丈夫、と信頼して見守り応援していくことで、その未来への信頼が深まることでしょう。

とはいえ、この先順調なことばかり続かないのが人生です。

時にはピンチになったり、失敗したり、痛い思いをしたり、落ち込んだり、自信をなくしたりすることが、きっと何度もあるでしょう。

そんな時、決して無責任な気持ちではなく、「それでもこの子は大丈夫」「必ず助けは来るから」と無条件に信頼できるかどうかということは、とても重要なことです。

なぜなら、親が大きな意味で子どもの人生全体を信頼しているという意識は、子どもにも無意識的に伝わっていくからです。

「あの時、お母さん（お父さん）は、よくわからないけど〝君なら大丈夫〟〝なんとかなる〟と何度も言ってくれた」という印象は、思考を超えて心の奥深いところで根拠のない安心感をもたらすからです。

大人でも「この人は自分を信頼してくれている」という感覚は、言葉ではないところで、伝わってくるものです。

反対に「心配されている」という感覚も。子どもには伝わってしまうものです。

「あなたはきっと大丈夫」と信頼してくれているという空気感は、子どもの中で自分への自信に変換されて、ちゃんとピンチを乗り越えられる、自分の力を発揮できる、今から何ができるだろうかという前向きで建設的な思いと行動へとつながっていきます。

また、ピンチの時に限らず、直感を受け取り、使う、ということも意外に役に立ちます。

私自身、子育て中によく直感を受け取ることで自分を信頼し直し、何とかなったことはよくあります。

つまり、ピンときたからそこに行く、こっちの方が良さそうと感じて、こっちの幼稚園にする、学校にする、ということはよくありました。

受験の時も、直感を受け取っていました。

人を介していくつも情報が来て納得したり、どこからともなく「大丈夫！」と言われた気がして、立ち直ることができたこともあります。

よく思考と直感の違いがよく分からない、と聞かれることがあります。

明確な違いは、「思考は否定やダメ出しをします」が「直感は否定やダメ出しすることがない」のです。

命の危機のような、かなり危険な時以外の、励ます、勇気付ける、誰にとっても良いアイディア、これ以上にない考え、安心感、愛、といった感覚が直感です。

体の感覚として受け取る人もいます。

子育てでも、人生でも、思考だけで考えていると、行き詰ることはよくあります。

子育てだからこそ、直感を使うといろいろな場面で、もっともっと楽になると感じています。

▼【ワーク32】本当に大切なのは……?

最後のワークになりました。
これまでいろいろな角度から自分と子どもを見てきましたが、いかがでしたか?
このワークをスタートした時から、まもなく3ヶ月。
子どもとの関係は、少しずつ変わってきていると思います。

もし、まだ子どもに対して、そしてご自分に対して、見方や考え方がまだまだ変わっていないと思わるようなら、もう一度取り組んでみてください。

一度目は、気づかなかったことに気づけることで、心の奥深いところで変化が起こってきます。ぜひ、何度でも書き込みながら試してみてください。

子育てや親子関係で、無意識の思い込みに気づく=コンシャス(意識的)になるほど、大きく好転させるものはないからです。

そして、最後のワークです。

親にとって、本当に大切なことは、一体なんなのでしょうか？

全米ベストセラー作家であり、親子関係の専門家であるシェファリ博士はこう言っています。

「親としてもっとも重要な任務は、子どもを上手に育てることだと誰もが信じていますが、実は、それよりも本質的な任務があります。それは、真の自分になることです。」

難しい表現なので、私流に言い換えてみます。

「親自身が、自分を愛して、ありのまま、本当の自分で、自分らしく、自分の人生を生きること」だと思います。

「本当の自分」に近づくほど子どもとつながることができます。

親としてやることはこのことに尽きる、と今は思っています。

どうぞ、親子で素晴らしい旅を！

おわりに

ここまで書いて、ホッとしました。この本は、かつて最も光が見えず、暗闇の中で、たくさん泣いてもがき苦しんでいた自分自身へのプレゼントでもあるからです。

当時の私が、本を何十冊読んでも分からなかった、なぜ苦しんでいたのか、なぜうまくいかなかったのか、愛情はあるのに空回りしていたのか、何が足りなかったのかのエッセンスを、できる限り盛り込みました。

私は、人とつながるのが苦手でした。ハートをオープンにできなかったのです。人に対して遠慮してしまい、自分らしく振舞うことができず、「良い人」「理解ある人」として振舞ってしまい、一体自分は誰なのか、すっかり見失っていることに気づいた時には呆然としました。

子ども時代を振り返り、才能を発掘するも、「本当の自分」は、2歳の時から、凍ったままになっていたのでした。

その一方で、めちゃくちゃだと思っていた三男を受け入れようと必死で取り組んできた結果、中学生になった三男は誰よりも自由で、いつも彼の「そのまま」。感じたことを素直に表現し、それは、とてもユニークで、面白くて、いつも彼らしい言動に、時には感嘆するほどです。

ちょうどこの本を書いた直後中学2年生の終わりの通知表に、先生がわざわざ通知表に「いつも〝そのまま〟で、友達や先生、多くの人と関わって「明るい」「話が面白い」「面倒見が良くて、みんなと話してくれる」」と書いてくれて本当に心の底から〝ほっと〟しました。

「良い子」であろうとしないし、当然こちらの思い通りに動いてくれないので、今も正直イラっとすることはあります。

けれども、そんな彼を、家族はみんな嫌いになることはありません。彼自身が、「自分のまま」で愛されている、と思っているからです。

おかしいと思うことはおかしいと言い、やりたくない時はやりたくないと言い、勉強嫌いだからテストも勉強したくないと言い、一筋縄ではいきません。

それでも、学校でも友達と普通に付き合い、先生にも伝えることは伝えて、好きなことを純粋に追求している彼を家族みんなが愛しているという事実は、「良い子」にならなくても、無理をせず嘘のない「自分そのままでいる」ことが、どれほど清々しいものかを、教えてくれています。

そんな彼を見て、無理に「良い親」をしようと頑張らなくても良い、「本当の自分」になること、自分の人生を大切に生きることが大事、子どもやパートナー、家族との「つながり」をしっかり持っていれば、どこにでも自由にすることができるのだと腑に落ちたのでした。

それは、お子さんを育てながら、アメリカ国内外で活躍しているシェファリ博士や、3人の子の母であり世界的な慈善事業家で、憧れの存在である、〝ソウル・オブ・マネー〟の著者リン・ツイストさん、私の友人たちやクライアントさん親子たくさんの方のあり方が教えてくれたことでした。

「子どもは、ママを（パパも）自由に、絶対幸せにする！ と決めてきた」のだと。

はじめに、でも書いたように、嫌がらせにしか思えなかった彼の言動は、すべて、この一文に集約されるための、言動だったことに数年かかってやっと気づいたのでした。

ここまでくるのがとても苦しくて、本当に長かった！ ここに至るプロセスでは、抑え込まれていた感情が何度も吹き出し、しょっちゅう喧嘩にもなりました。良くなっているのか、悪くなっているのか、分からないように思えることもありました。

けれども、子どもは、必死で伝えようとしてくれていたのです。感情に任せて、怒りをぶつけられても、文句や嫌味を言われても、心と体を張って、私を「本当の自分」にしようと。

それが私自身の「本当の幸せ」につながっていると彼らは〝知って〟いたから。

このカラクリに気づいた時、本当に涙が溢れて仕方ありませんでした。

これがすべての親子に起こっている、真実なのだと、直感的に確信をしました。

私自身、もともと感情のアップダウンが激しく、精神的にも不安定で、大人になっても2、3ヶ月に1度は、熱を出し数日寝込んでいたような状態でした。

その状態が本当に苦しくて様々勉強もしました。

頭でっかちで、思考で考えてばかりだった私は、三男の子育てで行き詰まり、藁をもつかむ思いから、瞑想や、心や目に見えない世界について興味のあった勉強をスタートし、その流れで、それまでの人生では見られなかった才能が開花しました。

そしてその才能を、13年になろうとする今も、ずっと使って、ライフワークを生きています。

さらに、「本当の自分になる」ことに意識的になって、自分を癒し、愛そうと7年近く経った今では、良いか悪いかは別として、滅多に熱も出ませんし、調子を崩して寝込むこともほとんどありません。

その結果、18年以上ピリピリとした空気で離婚危機が何度も訪れていたパートナーシップも好転し、今では、ようやく家庭に平安が戻りました。

私のライフワークもパートナーと子どもたちにも応援してもらっています。

メンターの本田健さんに背中を押され、全米ベストセラー作家であり、親子関係の専門家であるシェファリ博士を日本に招く話をしていた時に、「そんなにお金もかかって、大変なら、博士のところに君が学びに行った方が、安くて早いんじゃない?」と、最初に提案してくれたのは夫でした。

夫のその言葉がなければ、中学レベルの英語がやっとの私が、アメリカまで6回も、シェファリ博士のカンファレンスやリトリートに行くことはありえなかったでしょう。

そのおかげで、現実としてシェファリ博士に出会い、「日本に博士を招くの、応援するよ！」と、博士のコミュニティで、たくさんの仲間に心から応援してもらう状況など10年前の私からしたら、まさに夢のようです！

私のメルマガを読み、いつも私のライフワークを精神的、物理的に応援してくれていた父は、3年前、急な体調不良で入院後、余命1ヶ月と宣告され、その宣告通り、真夏の暑い日の未明に亡くなりました。

急な父の死にしばらくは喪失感いっぱいで、動くこともできない状態でしたが、友人に背中を押され、もう一度、自分のミッションに取り組むことで、エネルギーを取り戻していきました。今も、変わらず天国から応援してくれていると感じています。

今、たくさんの友人や仲間とつながりライフワークを進めていることは、10年前には、考えられないような奇跡です。

子どもたちには、これまでたくさん傷をつけてしまったし、今でも、バトルになることはあるけれど、それも含めて、自分を受け入れて、許し、愛し、自分らしく生きて、日々の幸せを、実感できるようになる人生になるとは……。

泣いてばかりいた小さな頃の自分、自信がなくて苦しんでいた自分、ここまで直接的、間接的に、支えてくれてきた、出会ったすべての人に「ありがとう！頑張るのをやめて、おかげで今は、当時考えられないくらい、こんなに幸せで、面白い人生になっているよ！」と感謝を思い切り伝えたいです。

特に、メンターとして心から尊敬している、ベストセラー作家の本田健さんと、奥様のジュリアさんからの学びなくしては、今の自分もこの本も生み出されることはありませんでした。ずっと応援してくださってありがとうございます！　心からの感謝の思いでいっぱいです。

ダライ・ラマも推薦する、世界ナンバーワン（注）と言っても過言ではない親子関係の専門家、全米ベストセラー作家シェファリ・ツバリ博士の「The Conscious Parent」は、バイブルとして文字通り私の人生を変えました。たった1冊の本から、世界への扉が開いたのです！　言葉にならなかった自分の世界観に、パワーと叡智を吹き込んでくれました。

博士の世界観の深遠さに導かれ、美しさ、ユーモア、叡智、「そのまま」の人柄に魅了され、英語という言葉の壁を超えて、メンターとして学び続けています。日本にも「頑張らない」コンシャスな子育て、コンシャスな生き方がスタンダードになるまで広まるよう、一般社団法人コンシャスペアレンツジャパンを設立する運びとなりました。(セッションや講座他詳しい情報はホームページで▼「https://con-parentingjp.org」)

いつも温かく応援してくださり、帯文を快く書いて下さった尊敬する産婦人科医の池川明先生。

日本の子育てや教育を明るく変えたい志で集まったシェファリ博士来日講演プロジェクト実行委員会で、ずっと支えてくれた尊敬する友人の久保田あやさんと木村聡さん、

クラウドファンディングでその応援力を発揮して心底助けてくれた、ライフワークコーチの神所ゆかりさん、歌手かくばりゆきえさん、ヒーラー大月綾子さん、長谷川幸子さん。

実行委員メンバーで友人の平野リリーさん、比留川晴也さん、程田永子さん、大竹淳子さん、池田麻実子さん、宮林えみさん、曽布川訓子さん、青沼弥幸さん、愛波文さん、頂あやさん、望月尚子さん、河原ひろよさん、我妻悠さん、佐藤さん、中村順さん他。

ご指導下さったムラモトヒロキさん、松前兼一さん
今回本作りをサポートしてくれた作家で友人の大野梨咲さん、中吉カレンさん、アイウエオフィスの皆さま、木村なつきちゃん、黒田敏之さん、岡山泰士さん他本当にたくさんの友人と仲間たち。

スタッフのなおさん、かなさん、ひろみさん。

いつも支えてくれる、半年コース修了生の皆さん。

編集者の山本さん、創藝社社長の吉木さん、そしてつないで下さった華子さん。

癒しの講座のみんな、たくさんの仲間と友人たち、私の話をいつも聞いてくれてありがとう！

みんなの応援と励ましのおかげです！　本当に本当にありがとう！

クライアントさん、受講生、スタッフ、心の声を伝えてくれたたくさんの子どもたちへ。私をここまで導いてくれたのは子どもたちの魂、そして私を信頼してくださったみなさんのおかげです。私を私にして下さって本当にありがとう！

義理の両親へ。いつも孫たちを心から可愛がり、未来を楽しみに、私たち家族を応援し続けてくれて本当にありがとう。

父と母へ。私が活躍していくことを本当に喜んで、応援してくれてありがとう。名古屋から子どもたちをケアしに来てくれて、私のライフワークをいつもサポートしてくれたこと、本当にありがとう。

子どもたちへ。君たちのおかげで、どれほど、愉快で面白い体験が山ほどできて、幸せな時間を過ごすことができたか、人生が満たされたものになったか、感謝しても感謝しきれないほど。自分の人生を、自分で歩む人に育ってくれた君たちのことを、心の底から誇りに思っています。本当にありがとう！

パートナーへ。あなたがいなければ、私は、何も形にできなかった！　いつも、私の幸せの一歩先からアドバイスをくれるあなたのセンスとサポートをいつも心から尊敬し、愛しています。

ここまで読んで下さったことを、心から感謝します。

「頑張らない」で、親子でたくさんの奇跡とワクワクと感動の、幸せな子育ての旅を！

すべての人に心からの愛と感謝を込めて

２０１９年９月29日　たかもりくみこ

たかもり　くみこ ●プロフィール

名古屋市生まれ。

一般社団法人コンシャスペアレンツジャパン代表。

ファミリーセラピスト。

HSC（ひといちばい敏感な子供）でありながらも名古屋大学法学部を卒業しトヨタへ就職。その後結婚するが、自分の望む生き方ができないと感じてトヨタを退社。

長男、次男の子育てをする中で、シュタイナー教育や自然育児に出会い「子どもの魂にとって理想の園」を東京で起ち上げ運営。三男を念願の自宅出産したものの育てにくさに悪戦苦闘。頑張っても満たされない現実に、何度も親をやめたくなる日々を送る。

「目に見えない世界や魂について学ばないと、三男とはつながれない」と直感しスピリチュアルな世界へ。

心理学や癒し、ライフワークについて学び、13年間で4,800人以上の親子をサポート。親子関係や家族関係に悩む親などのカウンセリングやコーチングセッション、講座、読書会を開催。

全米NO.1子育て専門家のシェファリ博士に渡米して学び、「コンシャスな子育て&生き方」について発信している。シェファリ博士の初来日講演会も主催する。

新社会人、大学生、中学生の息子３人と夫の５人家族。

HP）https://con-parentingjp.org
ブログ）https://ameblo.jp/treeofluce/

【参考文献】

「“良い親”をやめれば、“生きる力”を持つ子が育つ」宝島社／シェファリ・ツバリ　著
「決めた未来しか実現しない」サンマーク出版／本田 健　著
「大好きなことをやって生きよう！」フォレスト出版／本田 健　著
「ソウル・オブ・マネー」ヒカルランド／リン・トウイスト　著
「ユダヤ人大富豪の教えIII ~人間関係を築く８つのレッスン　だいわ文庫／本田 健　著

子どもが幸せに育ち自立する 頑張らない子育て

2019年10月13日　第1刷発行

著　者　たかもりくみこ
発行人　吉木稔朗
編集人　山本洋之
発行所　株式会社 創藝社
〒162-0806 東京都新宿区榎町75番地　APビル5F
電話(050)3697-3347　FAX(03)4243-3760
印　刷　中央精版印刷株式会社
デザイン　合同会社スマイルファクトリー

落丁・乱丁はお取り替えいたします。
※定価はカバーに表示してあります

©KUMIKO TAKAMORI 2019　　Printed in Japan
ISBN978-4-88144-252-4　C0037